석가 우리들의 부처님

KB190339

석가 우리들의 부처님

초 판 1쇄 펴낸날 2007년   1월 22일
초 판 5쇄 펴낸날 2022년   4월   1일

지은이 석주큰스님·김현준
펴낸이 김연지
펴낸곳 효림출판사

등록일 1992년 1월 13일 (제2-1305호)
주 소 서울시 서초구 반포대로14길 30, 907호 (서초동, 센츄리I)
전 화 02-582-6612, 587-6612
팩 스 02-586-9078
이메일 hyorim@nate.com

값 8,000원

ⓒ효림출판사 2007
ISBN 978-89-85295-53-6   03220

석가 우리들의 부처님

석주큰스님 · 김현준 지음

❀효림

책을 펴내며

　불교는 부처님과 부처님의 가르침을 믿고 배우고 실천하여, 마침내는 모든 이의 성불을 목표로 삼는 종교입니다. 따라서 불교를 올바로 이해하기 위해서는 고통으로 가득 찬 이 사바세계에서 '부처되는 길'을 처음 열어 보이신 석가모니불의 일생을 먼저 알아야 하며, 불자들이 가장 먼저 배우고 삶의 표준으로 삼아야 할 것 또한 '부처님의 일대기'라 여겨 왔습니다.

　부처님의 일생을 분명히 이해할 때 우리가 믿고 나아가야 할 불교 신행의 중심선은 저절로 마련되고, 해탈을 향한 첫걸음을 올바로 내디딜 수 있게 될 것이기 때문입니다.

　이에 석가모니불의 일생 중 꼭 기억해야 할 중요한 순간 순간들을 석주큰스님과 제가 앞뒤 부분을 나누어 함께 엮었습니다.

　앞쪽의 다섯 장, 곧 부처님의 탄생과 유년시절·출가·고행·중도수행·성불·초전법륜 등은 석주큰스님(2004년 11월 14일 입적)께서 평소에 즐겨 설하셨던 부처님에 관한 설법 테이프를 풀어 글을 만들었고, 불교 교단의 확립에서 부터 열반에 이르기까지의 일곱 장은 제가 써서 추가하였습니다.

이 책은 부처님의 생애와 법문을 단순하게 열거하고 구성하는 것으로 그치지 않았습니다. 석가모니 부처님의 생애와 중요 법문 속에 간직되어 있는 의미와 내용을 심도있게 조명하여, 독자들로 하여금 가르침의 진수를 스스로 깨우칠 수 있도록 엮고자 노력하였습니다.

부디 불자들이 가장 먼저 읽고, 늘 옆에 두며 배우고 '나'의 것으로 만들어야 할 부처님의 일대기를 통하여 '나' 속의 부처님을 발현하시기를 깊이깊이 축원 드리옵니다.

불기 2557년 부처님 오신날을 맞이하면서
김현준 합장

차 례

차 례

차 례

차 례

1. 부처님의 탄생과 오신 뜻

룸비니 동산의 서기

석가모니 부처님께서 부처가 될 인연처와 중생을 교화할 터전으로 선택한 나라는 카필라국이며, 그 종족의 이름은 석가(釋迦, Sākya)입니다.

카필라국은 인도 북부의 비옥한 땅을 가진 평화로운 나라이고, 석가는 '능하고 어질다', '크게 어질다' 라는 뜻을 지닌 성씨입니다. 부처님은 이 카필라국의 왕인 정반왕(淨飯王, Śuddhodona)과 왕비 마야(摩耶, Mahamāyā) 부인을 부모로 선택했습니다.

정반왕은 불행히도 나이 마흔이 넘었지만 왕위를 이을 왕자를 얻지 못했습니다. 이에 대한 책임을 깊이 통감하고 걱정한 마야부인은 지성으로 천지신명에게 빌고 또 빌었습니다.

그러던 어느 날 밤, 마야부인은 황금으로 장식된 상아 여섯

개를 가진 흰 코끼리가 하늘에서 내려와 오른쪽 옆구리로 들어가는 꿈을 꾸었습니다. 정반왕은 곧 이 꿈을 풀이해 줄 사람을 불렀으며, 그 해몽가로부터 '거룩한 태자를 얻을 길몽'이라는 말을 듣고 매우 기뻐하였습니다.

마침내 달이 차서 출산의 시기가 다가왔을 때, 마야부인은 아기를 낳기 위해 당시의 풍습대로 친정인 코올리국으로 떠났습니다. 때는 화창한 4월 초순, 마야부인의 일행이 룸비니 동산에 이르렀을 때 아름다운 각양각색의 꽃들은 한껏 향기를 뿜었고, 여러 종류의 새들은 기쁨의 노래를 불렀습니다.

평화롭고 아름다운 룸비니 동산에서 심신이 맑아짐을 느끼며 마야부인이 오른손으로 무우수(無憂樹, 우담발라) 가지를 잡고 무한한 희열에 잠겼을 때, 태자는 어머니에게 아무런 고통을 주지 않고 자연스레 태어났습니다.

여러 경전에서는 이 때 태자가 오른쪽 옆구리를 통하여 태어났다고 기록하고 있습니다. 이와 같은 경전의 말씀은 당시의 인도 풍습을 그대로 반영시킨 것입니다.

곧 인도에는 네 가지 종류의 사회계급인 사성제도四姓制度가 엄격히 지켜지고 있었습니다. 바라문교의 승려나 학자들로 이루어진 브라흐만, 왕족·무사들로 구성된 위정자 계층 크샤트리아, 농업·상업·공업에 종사하는 평민계급 바이샤, 노예계급인 수드라 등 입니다.

이들 네 가지 계급에 대한 차별을 철저히 강조했던 인도인들은 사람의 태어남에까지 구분을 두었습니다. 사제계급인 브라흐만은 겨드랑이로 태어나고, 왕족인 크샤트리아는 옆구리로, 평민인 바이샤는 어머니의 성기를 통하여, 천민인 수드라는 발바닥으로 태어난다는 종교적 억설을 남겼습니다. 이설에 따라 왕족인 태자를 옆구리로 태어났다고 표기를 한 것입니다.

이렇게 태자가 탄생하자 룸비니 동산은 5색의 서기가 가득한 구름으로 덮였고, 향기로운 바람이 나부끼는 등 서른네 가지의 상서祥瑞가 나타났습니다.

천상천하유아독존

태자는 태어나자마자 사방으로 일곱 발자국씩 걸으면서, 한 손으로는 하늘을 가리키고 한 손으로는 땅을 가리키며 외쳤습니다.

하늘 위와 하늘 아래 나 하나 홀로 높네
끝없는 나고 죽음 이에서 다하리라
나 이제 이 세상에서 모든 중생 건져내리
天上天下 唯我獨尊 천상천하 유아독존

無量生死　於今盡矣　무량생사　어금진의
此生濟度　一切人天　차생제도　일체인천

"하늘 위 하늘 아래 나 하나 홀로 높다 天上天下 唯我獨尊."

혼히들 이 말씀의 참뜻을 모르는 사람들은 "그토록 건방진 말이 어디 있느냐"라고들 합니다. 그러나 이 선언이야말로 누구에게나 통하는 보편타당성을 지닌 말씀입니다.

곧, "나 하나 홀로 높다"는 말씀 속의 '나'는, 어느 한 개인의 '나'가 아니라 모든 이들이 다 갖추고 있는 '참된 나', 바로 불성佛性을 가리키는 것이기 때문입니다.

이 불성이야말로 하늘 위 하늘 아래 홀로 높고 가장 존귀한 것임을 천명한 것이며, 불성을 찾아서 부처를 이룰 때 그 존재는 가장 높고 위대한 '나'가 되는 것입니다.

'참된 나'는 우리들 모두가 가지고 있는 성품입니다. 부처에게 있다고 하여 더 늘어나지도 않고 중생에게 있다고 하여 줄어들지도 않는 불성이야말로 '참된 나'인 것입니다.

이 불성은 누구에게 있어서나 조금도 차별이 없습니다. 귀한 사람 · 천한 사람, 가난한 이 · 부유한 이를 가릴 것 없이 한결같이 평등합니다.

바로 이것을 깨우쳐 주기 위해 부처님께서는 이 세상에 오셨고, 모든 이에게 갖추어져 있는 불성을 발현시켜 생사윤회를 벗어나게 하고 부처를 이룰 수 있도록 하기 위해 이 세상에 오셨습니다. 그리고 이 세상에 오신 그분의 참뜻을 알리기 위해, 태어나자마자 '천상천하 유아독존'의 노래를 부르신 것입니다.

부처냐 전륜성왕이냐

태자의 탄생으로 카필라성은 환희로 가득 찼습니다. 특히 정반왕과 마야부인의 기쁨은 그지없이 큰 것이었습니다. 정반왕은 태자의 미래가 궁금했습니다. 그리하여 당대 최고의 예언자 아시타 선인仙人을 모셔서 태자를 보였으면 하는 생각을 하고 있었는데, 아시타 선인이 스스로 왕궁으로 찾아왔습니다.

"선인이시여, 미처 모시러 가기도 전에 제 마음을 어떻게 알고 오셨습니까?"

"대왕이시여, 왕궁을 둘러싸고 있는 이 서기瑞氣가 저의 발길을 이곳으로 향하게 한 것입니다."

아시타 선인은 왕으로부터 태자를 넘겨받아 자세히 살펴보더니, 문득 눈물을 떨어뜨렸습니다.

"선인이여, 어찌하여 갑자기 눈물을 보이십니까?"

순간적으로 온몸을 감싸는 불안감을 떨쳐 버리지 못해 다급하게 묻는 정반왕에게 백발이 성성한 아시타 선인은 눈물을 거두며 말했습니다.

"대왕이시여, 걱정하실 일은 아니옵니다. 태자께서는 서른두 가지 대장부의 상[三十二相]과 여든 가지 미묘한 모습[八十種好]을 갖추었습니다. 곧 세상에 있으면 무력을 쓰지 않고서도 전 세계를 지배하는 전륜성왕轉輪聖王이 될 것이요, 왕위를 버리고 출가수행을 한다면 반드시 부처가 되어 세상 사람들을 구제해 줄 것입니다.

하지만 태자의 상은 너무나 완벽합니다. 틀림없이 부처가 되어 번뇌의 불길 속에 휩싸여 있는 한없는 중생들에게 감로의 법우法雨를 내려주실 것입니다. 그러나 저는 너무 늙어 죽을 날이 머지않았습니다. 살아 생전에는 부처님의 출현을 보지도 법문을 듣지도 못할 것이니, 어찌 한스러운 눈물이 샘솟지 않겠습니까?"

32상 80종 호를 갖춘 사람이 전륜성왕이나 부처가 된다는 것은 오랜 옛적부터 전해 내려오는 인도의 예언이었습니다. 마침내 인도 땅에는 그와 같은 인물이 출현하였고, 당대 최고의 예언가 아시타 선인은 그가 '전륜성왕이 아닌 부처님이 될 것'이라고 단언을 한 것입니다.

☙

전륜성왕과 부처님.

이 두 존재를 비교해 보면 우리는 매우 소중한 한 가지 교훈을 배울 수 있습니다. 먼저 전륜성왕에 대해 살펴봅시다.

전륜성왕轉輪聖王을 말 그대로 풀이하면 '바퀴를 굴리는 성스러운 임금'이 됩니다. 그렇다면 어떠한 바퀴를 굴리는가? '금륜金輪'을 굴립니다. 그 금륜은 어떠한 것인가?

전륜성왕은 금륜·코끼리·말·구슬·여자·대신·장군 등 일곱 가지 보물을 모두 갖추고 있는데, 그 중에서 가장 소중한 보물이 금륜입니다. 곧 금륜은 전륜성왕만이 가질 수 있는 성스러운 무기입니다.

천하통일의 때를 감지한 왕이 보름날 밤에 목욕재계를 하고 보전寶殿에 오르면 돌연 찬란한 광채를 발하는 금륜이 보전 앞 허공에 나타납니다. 순금으로 만들어진 수레바퀴 모양의 이 금륜은 직경이 4m 20㎝이며, 바퀴에는 천 개의 바퀴살이 달려 있습니다. 왕이 금륜을 보고 "동쪽을 향해 바르게 굴러가라"고 명하면 바퀴는 저절로 회전하여 앞으로 나아가고, 군대를 이끈 왕은 그 뒤를 따라갑니다.

동쪽의 작은 나라 왕들은 금륜을 보는 순간 전쟁을 포기하고 대왕 앞으로 나와 금그릇에는 은을, 은그릇에는 금을 가득 채워 바치면서 환영합니다. 그 때 대왕은 항복한 왕들에게 '나라를 잘 다스리는 바른 법'을 가르쳐 정법정치正法政治의 길을 열어줍니다. 그리고는 다시 남쪽과 서쪽과 북쪽의 여러 나라를 순시하여 정법정치를 폄으로써 대왕은 피 한 방울 흘림 없이 천하를 통일하고 정법세상을 만든다는 것입니다. 곧 금륜을 굴려 천하를 통일하는 성스러운 왕이 전륜성왕인 것입니다.

그럼 부처님은 어떠한 분이신가?

전륜성왕이 금륜을 굴려 천하를 통일하는데 비해 부처님께서는 '법륜法輪'을 굴려 일체 중생을 교화합니다. 진리의 수레바퀴인 법륜을 굴려 번뇌로 가득 차 있는 중생에게 영원하고 행복하고 자유롭고 맑은 삶의 길을 열어 주시는 것입니다.

하지만 부처님의 법륜은 모양이 없습니다. 그리고 부처님은 가진 것이 없습니다. 전륜성왕과는 달리 금력金力을 상징하는 보배구슬도, 무력을 상징하는 코끼리나 말도 가지고 있지 않으며, 권력을 상징하는 수많은 후궁도 대신도 장군도 거느리고 있지 않습니다.

오히려 그 모두를 버리고 철저한 무소유無所有의 도道를 추구함으로써 진리[法] 그 자체의 몸이 됩니다. 그리고 다함없는 법력法力으로 금력과 권력의 노예가 되어 허덕이는 중생을 진리의 세계, 법의 문門 안으로 이끌어 들여서 자유롭고 행복한 '나'로써 살 수 있게끔 한다는 것을 꼭 기억해야 할 것입니다.

2. 싯달타 태자의 인생공부

최초의 무상 체험

누구나 간직하고 있는 불성佛性을 발현시키기 위해 부처님께서 이 땅에 오신지 5일째 되는 날, 카필라성에서는 명명식命名式이 엄숙히 거행되었습니다. 왕의 명을 받은 수많은 바라문들이 심사숙고한 끝에 '싯달타(悉達多, Siddhārtha)' 라는 이름을 정했습니다.

"태자께서 태어날 때 온갖 성스러운 징조를 갖추셨고, 그것은 모든 것이 이루어질 것을 뜻하는 길조吉兆입니다. 그러므로 '모든 것을 남김없이 성취 한다' 는 뜻의 싯달타로 이름을 짓는 것이 좋겠습니다."

이렇게 좋은 의미를 지닌 이름을 받은 태자였지만, 싯달타 태자는 결코 행복만으로 채워진 사람이 아니었습니다. 태자가 태어난 후 시름시름 앓던 어머니 마야부인이 7일 만에 세상을 떠났기 때문입니다.

태자의 양육은 곧바로 마야부인의 친동생인 마하파사파티 摩訶波闍波提에게로 맡겨졌고, 아버지 정반왕과 이모 마하파사파티의 지극한 보살핌 속에서 태자는 무럭무럭 자라났습니다.

건강하고 성품이 원만했던 싯달타 태자는 어린 시절부터 총명하고 상상력이 풍부하였으며, 넘치는 사랑으로 모든 사람들을 대하였으므로 마음이 있는 사람이면 태자를 사랑하지 않을 수 없었다고 합니다.

태자가 여덟 살이 되었을 때 정반왕은 국내에서 가장 우수한 학자와 무술가를 초빙하여 태자를 가르치게 하였습니다. 태자는 어떠한 공부에나 열심이었습니다. 스승들은 태자의 기억력이 뛰어난 것과 이해가 빠르고 정확한 것에 놀랐습니다. 그리고 정직하고 매사를 철저히 이해하지 않고서는 그냥 넘어가지 않는 그 열의에 감동하였습니다. 또 무예를 익히는 데도 철저하게 하지 않으면 흡족해 하지를 않았습니다.

새벽부터 일어나 자신의 할 일을 다하였던 태자의 가슴에는 불가사의한 힘이 있었고, 학문과 무예를 연마하는 데도 불가사의한 정열이 있었던 것입니다. 마침내 태자는 60여 종의 경전과 29종의 무술을 모두 통달하게 되었습니다.

이때까지 태자는 인생의 무상無常이라는 것을 몰랐습니다. 마냥 열심히 살고 배움과 성취의 기쁨 속에서 살았습니다. 하지만 모든 사람이 무상을 느끼는 때가 있듯이 태자에게도 그런 기회가 다가왔습니다.

열두 살 되던 해의 이른 봄, 태자는 정반왕을 따라 농경제農耕祭에 참석했습니다. 그런데 궁중에서 호화롭게만 살아왔던 태자에게는 백성들의 밭 가는 모습이 말할 수 없는 충격으로 다가섰습니다.

파리한 농부들은 쟁기를 멘 소를 몰면서 비지땀을 흘렸고, 소는 채찍질을 당하면서 밭을 갈아엎었습니다. 그때마다 땅속의 벌레들이 쟁기 날에 찢기고 끊어진 채 땅 위로 노출되었습니다. 이 벌레들을 까마귀·까치 등의 각종 새들이 재빨리 날아들어 쪼아 먹는 것이었습니다. 크게 놀란 태자는 나무 밑으로 자리를 옮겨 앉아 깊은 사색에 잠겼습니다.

'모든 생명들은 살기 위해 이 세상에 난 것이다. 그런데 어째서 국왕은 백성을 부려먹고, 농사짓는 백성은 소를 부려먹는 것인가? 또 약한 생명들은 밭 가는 쟁기의 날에 찢긴 채, 날래고 힘센 날짐승에게 쪼아 먹히고 있으니…. 이것은 있을 수 없는 일이다. 차마 볼 수 없는 현상이다.'

눈앞에서 아무렇지도 않게 이루어지고 있는 미물의 고통과 죽음…. 그러나 태자에게는 그 벌레의 공포와 고통이 남의 일 같지가 않았습니다. 비로소 태자는 중생의 고통스러운 삶과 죽음에 대해 생각하게 되었습니다.

그와 동시에 오랫동안 잊고 지냈던 어머니의 죽음을 떠올리게 되었습니다. 마침내 그의 눈에는 눈물이 괴어 흘렀고, 죽는다는 것이 얼마나 불행한 일인가를 뼛속 깊이 느끼게 되었습니다.

태자의 명상과 결혼

농경제에 참석한 날 싯달타 태자가 나무 아래에서 깊은 명상에 잠겨 있는 것을 본 정반왕은 아시타 선인의 예언처럼 '태자가 출가해버리지나 않을까' 우려했습니다. 하지만 태자는 겉으로 보기에는 크게 바뀐 것 같지 않았습니다. 때로는 아우들과 쾌활하게 놀기도 하고, 열심히 경전을 탐독하기도 했습니다. 주위사람에게 언제나 깊이 마음을 써주고 인정을 나누는 것이었습니다.

그러나 태자의 마음속에는 이미 큰 태풍이 일고 있었습니다. '고통과 죽음이 없는 삶!'

태자의 겉모습은 맑게 개어 있었지만, 이 문제에 대한 생각은 끊일 줄을 몰랐습니다. 세월이 흐를수록 태자는 명상에 잠기는 일이 많았습니다.

이에 불안해진 정반왕은 '고통과 죽음에 대한 생각'이 전혀 일어나지 않게끔 세 개의 궁전을 지었습니다. 여름철에 머무를 시원한 궁전, 겨울철에 머무를 따뜻한 궁전, 봄과 가을에 거처할 춥지도 덥지도 않은 궁전 등 '삼시전三時殿'을 지은 것입니다.

그리고 각 궁전마다 화려한 동산을 만들어 기이한 돌과 아름다운 꽃, 보물 등으로 찬란하게 꾸몄습니다. 또한 태자가 목욕할 때는 세 명의 궁녀로 하여금 향탕香湯에서 몸을 씻겨주게 하였고, 수많은 미녀들을 뽑아 노래와 춤과 음악으로 태자의 마음을 사로잡도록 한 것입니다.

그야말로 태자는 쾌락의 성에서 살았지만, 그와 같은 생활태도에는 마음이 끌리지 않았습니다. 오히려 인위적인 쾌락에 대해 혐오심을 갖게 되었습니다.

이에 정반왕은 태자비의 간택을 서둘렀습니다. 좋은 아내를 만나 하루 속히 마음의 안정과 삶의 행복을 만끽할 수 있기를 바랐던 것입니다. 19세의 젊은 싯달타 태자도 그 나이답게, 여인에 대한 아름다운 꿈과 동경을 갖고 있었기 때문에 부왕의 뜻을 좇아 결혼을 하기로 했습니다.

마침내 태자비에 대한 간택은 시작되었고, 이웃 선각왕善覺王의 딸 야쇼다라耶輸陀羅를 아내로 맞이하게 됩니다.

태자비로 간택된 야쇼다라는 개성이 강하고 열정적인 여인이었습니다. 그리고 이와 같은 여인을 맞이한 싯달타 태자의 결혼은 결코 불행한 것이 아니었습니다. 태자는 비로소 진심을 나눌 수 있는 여인을 만났고, 참다운 사랑으로 기대어 오는 젊고 아름다운 아내와 함께 한다는 그 자체가 기쁨이었습니다.

결혼 전, 고통스러운 삶과 죽음의 명상 속에서 잃어버렸던 미소가 다시 떠오르기 시작했습니다. 태자의 마음을 깊이 이해하였던 야쇼다라가 침울한 명상에 잠길 때마다 보다 상냥하고 지극한 사랑으로 태자의 마음을 위로하였기 때문입니다.

이러한 야쇼다라의 마음씨 앞에 태자의 마음은 봄눈 녹듯 풀어졌고, 둘은 행복한 표정으로 함께 뜰을 거닐기도 하였습니다. 물론 그것을 보고 가장 만족했던 사람은 정반왕이었습니다.

그렇게 일 년 또 일 년, 10년 가까운 세월은 무심히 흘렀습니다. 그리고 세월 따라 태자는 무엇인가를 잃은 듯 굳은 표정을 짓는 때가 많아졌습니다.

'인간이 언제까지나 영원히 살 수 있고 모든 사람이 한결같이 행복할 수 있다면, 그리고 모든 생명들이 평화롭게 살 수 있다면 나 또한 이렇게 살 것이다. 그러나…….'

오히려 젊고 아름다운 아내를 보는 태자의 뇌리에는 누를 길 없는 번민이 가득 채워지는 것이었습니다.

'스스로를 속임으로써 번민을 잠재우려 해서는 안 된다. 결코 스스로를 속일 수는 없는 일이다. 밤낮없이 나의 뜻과 다르게 살고 있는 이 인생 속에서 무엇을 찾으려 하는가? 더 이상

은 의미가 없다. 해탈의 도를 찾아 출가하는 것만이 유일한 길이다.'

깊은 밤, 태자는 홀로 출가를 생각하며 괴로워했습니다. 아무도 이러한 태자의 마음을 아는 사람은 없었으나, 야쇼다라만은 태자가 밤중에 일어나 좌선 자세로 깊은 명상에 잠기는 것을 보았습니다. 야쇼다라는 태자의 엄숙하고 거룩한 모습에 마음을 삭여야 했습니다. 하지만 태자가 출가의 뜻을 굳힐 계기는 마침내 찾아들고 말았습니다.

사문유관四門游觀

29세 때의 어느 날, 태자는 꽃이 만발한 성 밖으로 놀러가기 위해 시종에게 마차를 준비하도록 일렀습니다.

이 말을 전해들은 부왕은 신하들에게 분부하여 동산을 말끔히 청소하게 했음은 물론, 태자가 지나갈 길목마다 향수와 꽃을 뿌리게 했습니다.

그런데 태자가 성의 동쪽 문으로 마차를 타고 나가자, 지팡이에 의지하여 간신히 걸어가는 노인의 모습이 보이는 것이었습니다. 머리카락은 하얗고 몸은 여윌 대로 여위어 가죽과 뼈가 붙었으며, 이빨은 죄다 빠진데다 지적지적 눈물과 콧물을 흘리면서 숨을 헐떡거리고 있었습니다.

"저 사람은 누구인가? 어째서 저런 모습을 하고 있는가?"

마부는 태자의 진지한 물음에 압도되어 사실대로 대답할 수밖에 없었습니다.

"저 사람은 늙은이입니다."

"늙은이라니?"

"저희처럼 젊은 사람도 나이가 들면 차츰 기운이 빠져서 쇠약해지고 몸 놀리기가 괴로워집니다. 그리고 저 사람처럼 되면 살 날이 얼마 남지 않게 됩니다."

"저 사람만 늙은 것인가, 누구나 다 저렇게 되는가?"

"누구든지 저렇게 늙고 맙니다."

"나도 저렇게 된단 말인가?"

"태어난 자는 귀하고 천함의 구별 없이 누구나 늙음의 괴로움에서 벗어날 수 없습니다."

인생에 대한 형용할 수 없는 허무감이 새삼 태자의 가슴속을 맴돌았습니다.

"돌아가자."

왕궁으로 돌아온 태자는 깊은 명상에 빠져들었습니다.

'어리석은 사람들은 자기가 노인이 되고 늙음을 피할 수 없는데도 자신을 돌이켜보지 않는다. 오직 남의 늙은 모습 보기를 싫어할 뿐이다. 하지만 나 자신도 늙는다는 사실을 안다면 어찌 남의 늙은 것을 보고 싫어할 수 있으랴. 지금 젊고 앞길이 창창하다고 하여 뽐내는 사람은 반드시 자멸하게 된다. 과연 이 늙음의 괴로움[老苦]을 면할 방법은 없는가?'

며칠 후 태자는 다시 명랑해졌고, 또 소풍을 나갔습니다. 그러나 남문으로 마차를 타고 나가기 바쁘게 병에 걸려 신음하는 사람을 만났습니다. 거무죽죽한 얼굴에 배는 북통처럼 부어오르고 톱질하는 것 같은 숨소리를 토하는 그는 자신이 토해낸 오물 위에 쓰러져 목 메인 소리로 외쳤습니다.

"나를 좀 일으켜 주오."

"저 사람은 왜 저렇게 고통스러워 하는가?"

"사람이 늙고 병들면 다 저렇게 됩니다."

태자는 주체할 수 없는 슬픔을 느끼며 왕궁으로 되돌아왔습니다.

'사람은 누구나 병에 걸리고 병을 피할 수 없다. 그렇지만 건강한 사람들은 영원히 병에 걸리지 않을 것처럼 행동하면서 병든 사람을 멀리한다. 어찌 자신에게 다가올 일을 돌이켜 보지 않으려 하는가? 지금 병에 걸리지 않았다고 하여 뽐내는 사람은 반드시 병으로 자멸하고야 만다. 과연 이 병으로 인한 괴로움[病苦]으로부터 벗어날 길은 없는가?'

태자는 며칠 동안 병고病苦에 대해 명상하다가 다시 성의 서쪽 문을 통해 놀이동산으로 향했습니다. 그런데 이번에는 한

시체를 상여 위에 싣고 네 사람이 메고 가는 모습이 보였습니다. 아울러 처자식과 친척이 그 뒤를 따르면서 가슴을 치고 울부짖는 모습, 흐트러진 옷차림으로 땅바닥을 뒹굴면서 처참하게 우는 모습도 보았습니다. 놀란 태자는 마부에게 물었습니다.

"도대체 이것이 무엇인가?"

"죽은 사람의 장례 행렬입니다."

"죽음이란 어떠한 것인가?"

"죽음이란 혼이 육체를 떠나 생명의 움직임이 사라지는 것입니다. 이렇게 되면 사랑하던 부모·형제·처자, 그리고 그 밖의 모든 사람들과도 영원히 만날 수 없게 됩니다. 죽음이란 이와 같이 아주 슬픈 일입니다."

"사람은 누구나 다 죽기 마련인가?"

"예, 태어난 이는 누구 할 것 없이 모두 죽기 마련입니다. 죽음은 빈천한 사람, 부귀한 사람, 총명한 사람, 어리석은 사람을 가리지 않습니다. 모두가 숨이 끊어지면 죽고 마는 것입니다."

큰 충격 속에서 태자는 마차를 돌려 왕궁으로 돌아왔습니다. 그리고 7일 동안 명상에 잠겼습니다.

"어리석은 사람들은 '지금 병에 걸려 있지 않으니까, 기운이 있으니까, 젊고 앞길이 창창하니까' 라고 하면서 제멋대로 뽐내고 욕망에 맡겨 생활한다. 그리고 갖가지 어리석은 짓을 하면서 해탈의 도를 구하려 하지 않는다. 하지만 죽음은 필연적인 것이다. 세상에 이와 같은 죽음이 존재하는 이상 어물어물 지낼 수는 없다."

네 번째로 태자는 성의 북쪽 문으로 나가 소풍 길에 올랐습니다. 그런데 이번에는 앞의 세 모습과는 전혀 다른 출가사문出家沙門의 거룩한 모습이 보였습니다.

머리와 수염을 깨끗이 깎은 그는 오른손에 긴 지팡이를, 왼손에 바리때를 쥐고 걸림 없는 자세로 당당하게 걸어가고 있었습니다. 그를 보는 순간 태자는 깊은 존경심과 함께 설레이는 마음을 주체하지 못하고 마차에서 내렸습니다. 그리고 공손히 인사를 드리고 물었습니다.

"당신은 누구입니까?"

"나는 출가한 사문입니다."

"출가를 하면 어떤 이로움이 있습니까?"

"나는 일찍이 집에 있을 때 생 · 노 · 병 · 사生老病死에 대한 것을 직접 겪어보고 모든 것이 덧없음을 알았습니다. 그래서 친족을 떠나 쓸쓸하고 고요한 곳에서 수행을 쌓아 이 고뇌에서 초월할 수 있도록 힘써 왔습니다. 내가 수행하고 있는 것은 맑고 성스러운 도道입니다. 나는 바른 법을 실천하고 관능을 이기고 큰 자비를 일으켜 사람들에게 편안함을 안겨줍니다. 생각과 행동이 조화되어 중생을 보호하고 세간의 더러움에

물들지 않으며 영원히 해탈할 수 있는 법. 이것이 출가의 법입니다."

그 순간 태자는 말할 수 없는 기쁨을 느꼈습니다.

'이 길이야말로 내가 찾던 길이다. 더 이상 망설일 것이 없다. 이제 이 길을 걷도록 하자.'

§

이상과 같이 싯달타 태자께서 동·서·남·북 네 문四門을 통해 놀러[遊] 나갔다가 보고[觀] 인생의 진리를 깨닫게 된 것을 우리는 '사문유관四門遊觀'이라고 합니다. 그런데 어떤 사람은 이 이야기를 읽고 의심을 일으킬 것입니다.

'도대체 싯달타 태자는 어떻게 살았기에 29세의 나이가 되도록 인간이 늙고 병들고 죽는 일도 모르고 살았다는 말인가?'

실로 그렇습니다. 29세가 되도록 인간의 가장 근본적인 모습조차 모르고 살았다면 도저히 용납될 수 없습니다. 하지만 이것이 불전문학佛典文學의 특징입니다. 불전문학은 상식적이거나 과학적인 시간을 초월해 있는 것이 보통입니다.

이 사문유관의 이야기도 태자의 인간적인 고뇌, 곧 태자가 철이 들면서 십 몇 년 동안 깊이 사색하고 체득한 인생 공부를 극적인 장면으로 정리한 것입니다. 그것을 우리는 함께 읽을 수 있어야 합니다. 아울러 단순히 보는 것[見]이 아니라 마음으로 꿰뚫어 보고 확실히 체득한다는 뜻을 지닌 '관觀'이라는 것을 잊지 말아야 할 것입니다.

그리고 우리는 이제까지의 이야기를 통하여 싯달타 태자의 인생 공부가 던져주는 참된 의미를 새길 줄 알아야 합니다. 그것은 무엇인가?

바로 인생무상을 크게 느끼면 느낄수록 깨달음의 세계로 나아가는 길이 확실히 보이게 된다는 것을 부처님께서는 보여주신 것입니다. 우리가 불교공부를 제대로 하고자 한다면 무엇보다 먼저 우리의 삶이 어떠한가를 정확히 직시할 줄 알아야 합니다. 현재의 삶이 어떠하다는 것을 확실히 느낄 때, 어떠한 경우에도 동요되지 않는 '가장 높고 거룩한 깨달음의 마음[無上菩提心]'을 발할 수 있는 것입니다.

3. 출가와 6년 고행

정반왕의 눈물과 라후라의 출생

사문유관四門遊觀을 통하여 늙음과 병듦과 죽음, 그리고 출가 수행자의 성스러운 모습을 접한 다음부터 싯달타 태자의 마음에는 온통 출가의 뜻만이 가득하였습니다.

'인간이 언제까지나 영원히 살 수 있고 모든 사람이 한결 같이 행복할 수 있다면, 그리고 모든 생명들이 평화롭게 살 수 있다면 나 또한 태자로서의 영화를 누리며 살 것이다. 그러나….'

나고 죽는 하나의 큰일, 곧 생사일대사生死一大事를 해결하고야 말겠다고 결심한 태자는 하루빨리 궁중의 갇힌 생활에서 벗어나고 싶었습니다. 아울러 아버지 정반왕으로부터 출가에 대한 허락을 얻고 싶었습니다. 태자는 부왕을 찾아갔습니다.

"부왕이시여, 이 세상에서 만난 모든 사람은 반드시 이별하게 되옵니다. 아무리 은혜와 사랑이 지중한 부모와 자식 사이라 하더라도 이별하고야 마는 것입니다. 이제 소자는 길이 이별을 여의는 법을 배우고자 하옵니다. 부왕이시여, 부디 소자의 뜻을 살피시와, 집을 떠나 도를 닦는 것을 허락하여 주십시오."

가슴 조이며 두려워하던 그날이 기필코 오고야 말았음을 감지한 정반왕은 온몸을 떨면서 목 메인 소리로 말했습니다.

"태자야, 그것이 웬 말이냐? 나를 버리고 떠나겠다니…. 장차 이 나라와 백성은 누구에게 맡기란 말이냐? 태자야, 아비를 위하여 이 나라를 맡아 다스려다오. 그리고 할 일을 다 한 뒤 수행의 길을 걷는 것이 순리이지 않겠느냐? 네 소원은 무엇이든 다 들어 줄 테니 제발 이 궁전에 머물러만 있어다오."

"부왕이시여, 그러하오면 저의 네 가지 소원을 이루어 주시겠습니까?"

"싯달타야, 무엇이든 네 소원을 말하여라."

"첫째는 늙지 않는 것이요, 둘째는 병들지 않는 것이며, 셋째는 죽지 않는 것입니다. 그리고 네 번째는 서로 이별하지 않는 것입니다. 부왕이시여, 이 네 가지 소원을 이루어 주신다면 저는 출가하지 않겠나이다."

"오, 싯달타! 그런 무리한 소원이 어디에 있느냐? 나를 더 이상 괴롭히지 말아다오."

정반왕은 눈물을 지으며 그 자리를 피하여 황급히 밖으로 뛰쳐나갔습니다. 이와 같은 모습을 본 태자는 또한 차마 부왕을 버리고 출가할 수가 없었습니다.

그날 이후, 정반왕은 비상 경비병을 동원하여 더욱 철저히 궁성의 안팎을 지키게 하고 성문을 단속하였습니다. 그리고 태자가 더욱 환락 속에 묻혀 살도록 끊임없이 잔치를 열었습니다.

그러나 세속적인 쾌락은 이미 태자의 관심 밖이었습니다. 오히려 태자의 눈에는 죽음의 귀신이 시각을 다투어 쫓아오는 것이 보였습니다. '한시바삐 불타는 이 집[火宅]에서 벗어나야 한다'는 간절한 일념뿐이었고, 마침내 결정적인 운명과 마주 서게 되었습니다. 유일한 혈육인 아들이 태어난 것입니다.

싯달타 태자가 29세 되던 해 2월 8일, 태자는 아내 아쇼다라가 아들을 낳았다는 소식을 들었습니다. 마땅히 크게 기뻐해야 할 일이었으나 태자는 깊이 탄식을 하며 소리쳤습니다.

"라후라!"

그리하여 태자의 아들 이름은 '라후라羅睺羅'가 되고 말았습니다.

라후라는 '장애障碍'라는 뜻입니다. 장애! 왜 싯달타 태자는 하나뿐인 소중한 아들의 이름을 라후라라고 지어 주었을까요? 왜 축복보다는 슬픔이 깃든 이름을 지어 주었을까요? 그 까닭은 큰 기쁨 속에 감추어져 있는 괴로움의 굴레를 알았기 때문입니다. 혈육의 사랑, 핏줄로 이어진 진한 인연이 가져다 주는 슬픔을 알고 있었기 때문입니다.

끊을래야 끊을 수 없는 핏줄, 그 핏줄을 위해서는 모든 것을 희생하는 것이 부모입니다. 하지만 장차 부처가 되실 싯달타 태자는 그렇게 하지 않았습니다. 오히려 아들의 출생을 접하고 '장애'라고 울부짖었습니다. 은애恩愛의 굴레가 한 사람 더 늘면 그만큼 출가의 결심을 늦추게 될 수 있다고 보았기 때문입니다. 마침내 태자는 출가의 날을 마음속으로 정하였습니다.

한편, 정반왕은 라후라의 출생을 기뻐하며 큰 잔치를 베풀었습니다. 아울러 출가에 대한 태자의 마음이 바꾸어지기를 기대하였습니다.

그런데 부왕의 뜻을 헤아리기라도 한 듯, 잔치에 참여한 태자는 궁녀들의 노래와 춤을 한껏 즐기며 구경하였고, 사람들은 태자의 밝은 얼굴을 보며 기뻐하였습니다.

그리고 모든 사람들이 잠에 빠진 한밤중, 조용히 자리에서 일어난 태자는 새근새근 잠들어 있는 아들 라후라와 아내 아쇼다라를 한참동안 바라보다가 방을 나섰습니다. 방과 연결된 넓은 연회장에는 저녁 늦게까지 노래를 부르고 요염하게 춤을 추던 궁녀들이 가득 쓰러져 자고 있었습니다.

피로에 지쳐 깊은 잠에 빠진 모습은 그녀들이 깨어 있을 때와는 판이하게 달랐습니다. 이를 갈면서 자는 여인, 남의 무릎을 베고 자는 여인, 베개도 없이 천정을 향해 누워 드르렁 코를 골고 침을 흘리며 자는 여인, 다리와 팔을 벌려 큰 대★자 모양을 하고 자는 여인….

태자는 쾌락의 비천함이 엄습함을 느낌과 동시에 그들에 대한 동정심을 가눌 수 없었습니다. 이러한 인간의 적나라한 모습, 숨김 없고 가식 없는 모습을 보면서 태자가 누렸던 궁중생활은 끝을 맺습니다.

쾌락의 끝! 태자는 바로 그 순간 쾌락의 끝을 본 것입니다.

유성출가 踰城出家

태자는 궁녀들이 자는 연회장을 지나 무사히 뜰로 나올 수 있었습니다. 때마침 휘황한 달빛과 은초롱을 이룬 별들이 뜰을 신비롭게 빛내고 있었습니다. 태자는 마부가 살고 있는 집으로 다가가 낮은 목소리로 마부를 깨웠습니다.

"찬다카야, 찬다카야."

태자의 부르는 소리를 듣고 황망히 깨어나 문을 여는 찬다카에게 싯달타 태자는 사랑하는 백마 '칸타카'를 끌고 올 것을 명했습니다.

"이 밤중에 어디로 가려 하시나이까?"

"달이 하도 밝아 성 밖으로 바람을 쐬러 가고 싶구나."

그러나 찬다카는 태자의 심중을 읽을 수 있었습니다.

"한밤중에 밖으로 나가시면 몸에 해롭사옵니다. 내일 날이 밝은 다음에 나가심이 좋을 줄로 아옵니다."

"아니다. 지금이 바로 그때이다. 칸타카를 조용히 끌고 오도록 하여라."

범할 수 없는 위엄이 깃든 음성에 찬다카는 저도 모르게 마굿간으로 가서 칸타카를 데려왔고, 태자가 말 위에 올라타자 스스로 성문城門을 열었습니다. 태자는 카필라의 성문을 나설 때 맹세했습니다.

'위없는 깨달음[無上菩提]을 얻어 부처가 되기 전에는 결코 이곳으로 돌아오지 않으리라!'

주인을 태운 말은 힘차게 앞으로 내닫기 시작했고, 마부 찬다카는 말고삐를 잡고 눈물을 흘리며 태자의 뒤를 따랐습니다. 동쪽으로 밤새워 말을 달려 카필라성 교외의 아노마 강에 이르자, 태자는 깊은 숲으로 들어가 명상에 잠겼습니다. 그리고 명상에서 깨어나 몸에 지니고 있던 마니보주摩尼寶珠를 찬다카에게 주면서 말했습니다.

"찬다카야, 애썼다. 너는 이 마니보주를 부왕께 전해 드리고 이렇게 사뢰어 주기 바란다.

'저에게는 세속적인 욕망이 조금도 없으며, 선업善業을 쌓아 천상에 태어나고 싶지도 않습니다. 다만 일체중생이 바른 길을 몰라 생사윤회生死輪廻의 괴로움 속에서 벗어나지 못하는 것을 보고 이를 구제하기 위해 출가를 하는 것뿐입니다. 부왕께서는 아직 나이가 젊었으니 세상에서 할 일을 다한 뒤에 출가하여도 늦지 않다고 하시겠지만, 생로병사生老病死에 어찌 정해진 때가 있겠습니까? 지금 젊다고 하여 안심하고 있을 수만은 없습니다. 그리고 예전의 훌륭한 임금님들도 나라를 내놓고 도道를 찾아 숲으로 들어갔습니다. 또한 수행 도중에 세속으로 돌아가는 일도 없었습니다. 저의 결심도 그와 같아서, 위없는 깨달음을 이루어 부처가 되기 전까지는 결코 돌아가지 않을 생각입니다.'

그리고 마하파사파티 이모와 야쇼다라에게도 전해다오. '은혜와 사랑의 정이 다 없어지기 전에는 다시 만나지 않으리라' 하더라고."

그때 찬다카는 돌아갈 생각도 않고 땅에 쓰러져 흐느꼈습니다.

"어찌 태자님을 이곳에 두고 홀로 돌아가오리까?"

"아니다, 찬다카야. 사람은 누구나 홀로 왔다가 홀로 죽는 법이다. 그것이 세상의 법이거늘 어떻게 나고 죽음을 같이 할 수 있겠느냐? 설혹 함께 나서 함께 죽을 수 있다 할지라도, 나고 늙고 병들고 죽는 괴로움을 지니고서야 어찌 좋은 친구가 될 수 있겠느냐? 나는 이제 인생의 모든 괴로움을 끊어 없애고자 출가한 것이고, 이 괴로움이 모두 끊어져 없어진 뒤에야 비로소 모든 사람의 좋은 친구가 될 것이다. 나는 아직 모든 괴로움을 여의지 못하였거니, 어떻게 너의 좋은 친구가 되어줄 수 있겠느냐?"

"태자님이시여, 궁중에서 자라난 연약한 몸으로 어떻게 이 산의 숲속, 가시밭, 돌자갈 위에 거처할 수 있사오리까? 또한 사나운 짐승과 독벌레의 침범은 어찌하오리까?"

"그래, 너의 말처럼 궁중에 있다면 이 가시밭의 괴로움은 면할 수 있을 것이다. 하지만 늙고 병들고 죽는 괴로움이야 어찌 면할 수 있겠느냐? 또 사나운 짐승이나 독벌레의 두려움은 면할 수 있어도, 늙고 병들고 죽는데 대한 두려움은 면할 수 없지 않겠느냐?"

말을 마친 태자가 허리에 차고 있던 보배칼을 뽑아 손수 머리카락을 자르자 찬다카는 목메어 울며 카필라성으로 돌아갔고, 태자는 지나던 한 사냥꾼이 입고 있던 감색의 법의法衣와 보석으로 장식된 자신의 옷을 바꾸어 입었습니다. 이렇게 함으로써 싯달타 태자는 완전한 출가사문의 모습을 갖추게 되었고 10여 년 동안 그토록 갈구했던 출가사문의 길로 뛰어들게 된 것입니다.

스승을 찾아서

위대한 싯달타 태자는 세속의 모든 것을 놓아버리고 출가를 했습니다. 사랑도 권력도 명예도 모두 버리고 출가를 했습니다. 하지만 이것으로 모든 것이 끝난 것은 아니었습니다. 오히려 출가는 새로운 시작이었습니다. 생사가 없는 길을 찾아야 했고, 깨달음을 이루기 위한 수행을 시작해야만 했습니다.

나를 깨달음 그 자체로 만들기 위해 갈고 닦는 수행! 그는 먼저 당대의 유명한 스승들을 찾아 수행법을 배웠습니다. 그러나 만족을 얻지 못한 싯달타는 스스로 고행苦行의 길을 택하였고, 그 고행의 시간은 6년 동안 계속되었습니다. 이제 그의 배움과 고행에 대해 함께 살펴보도록 합시다.

(앞으로는 출가한 싯달타 태자가 도를 닦아가는 과정을 살펴보는 것이므로 불전문학佛傳文學의 전통적인 표현에 따라 '보살菩薩'로 칭하기로 합니다.)

구도의 길에 오른 보살 싯달타가 최초로 찾아간 스승은 아누야 숲에서 고행을 가르치고 있는 바가바跋伽婆 선인이었습니다. 보살 싯달타는 바가바 선인을 찾아 인사를 하고 그의 제자들이 수행을 하는 모습을 관찰하였습니다. 분명 그들은 남이 흉내 낼 수 없는 고행을 하고 있었습니다.

어떤 사람은 가시 위에 누워 있었습니다. 몸무게가 내리누르는 대로 가시가 살 속으로 파고들자 온몸에서 피가 흘렀고, 흐른 피는 검게 굳어 딱지로 변하고 있었습니다. 하지만 그들은 참고 누워 있었습니다. 또 어떤 고행자는 더러움과 악취에 무관심한 듯 쓰레기 더미 속에 누워 있었습니다. 또는 타오르는 불가에 서서 몸을 빨갛게 달구고 있는 사람, 며칠 동안 한쪽 발을 들고 서 있는 사람, 물 속에 몸을 담그고 있는 사람도 있었습니다.

한결같이 풀잎이나 나무껍질로 옷을 해 입은 그들 가운데에는 하루에 한 끼만 먹는 자도 있고 이틀에 한 끼, 사흘에 한 끼를 먹는 자도 있었습니다.

보살 싯달타는 그들의 인내력에 감동하였습니다. 하지만 혹독한 고행을 하는 사람일수록 존경을 받는 그들이 마치 고통을 인내하여 자신의 힘을 과시하고 있는 듯이 보였습니다. 밝지 못한 얼굴, 어두운 그림자가 드리워진 모습은 오히려 처참하고 불건전한 느낌마저 들었습니다. 그들의 고행에 회의를 느낀 보살 싯달타는 바가바 선인에게 물었습니다.

"무엇을 위하여 이 같은 고행을 하는 것입니까?"

"이 고행으로 장차 천상天上에 태어나고자 하노라."

이 대답을 듣고 보살 싯달타는 크게 실망했습니다.

'즐거움을 얻기 위해 괴로움을 참는다? 하지만 하늘의 낙樂이 다하면 다시 육도윤회六道輪廻의 고통을 겪어야 하지 않는가. 그리고 참으로 하늘에 태어날 수는 있는 것인가?'

묵묵히 생각에 잠겨 있는 싯달타 보살을 보면서 바가바 선인은 그가 고행에 놀라 기가 죽은 것으로 판단했습니다.

"처음 고행을 시작하면 괴롭고 참기 어렵지만, 차츰 수행을 쌓아가면 옆에서 보기 보다는 훨씬 잘 참아낼 수 있게 된다오."

보살 싯달타는 조용히 말했습니다.

"고행을 하는 것은 충분히 존경을 받을 만한 일입니다. 하지만 보상을 바라고 고행을 한다면 괴로움은 영원히 떠나지 않을 것이요, 고苦와 낙樂은 영원히 되풀이될 것입니다."

바가바 선인은 무어라 대답할 말을 잃었고, 보살 싯달타는 다음 날 당대 최고의 성인으로 추앙받고 있는 아라다 카라마를 찾아 그곳을 떠났습니다.

그런데 싯달타 보살이 아라다 선인을 찾아가던 도중, 인도 최강국의 하나인 마가다국의 수도 왕사성을 지나게 되었습니다. 일찍이 싯달타 보살에 대해 소문으로 많은 것을 알고 있었던 마가다국의 빔비사라왕은 높은 누각 위에서 그가 지나가는 것을 보고 수레를 타고 나가 정중히 맞이했습니다.

"태자가 출가하였다는 소식을 듣고 나는 매우 놀랐소이다. 전륜성왕의 덕상德相을 갖춘 태자의 출가로 부왕께서는 여간 통탄해 마지않을 것입니다. 왜 출가를 하셨습니까? 혹 마음에 들지 않는 무슨 일이라도 있었는지…. 괜찮다면 부디 저의 나라에 머물러 있어 주십시오. 마음에 드는 땅을 드리고 안락하게 살 수 있도록 어떠한 요구든 다 들어 드리겠습니다."

"대왕이시여, 친절하신 말씀 고맙습니다. 하지만 저는 그냥 출가한 것이 아닙니다. 세속에 대한 욕망을 버렸기 때문에 출가한 것이며, 나라보다 재산보다 사랑보다 더 귀중한 도를 위하여 집을 떠나온 것입니다. 나는 어떠한 일이 있더라도 기필코 부처의 깨달음에 도달하고야 말 것입니다."

싯달타 보살의 굳은 결심에 감복한 왕은 '도를 이루거든 나를 먼저 제도하여 줄 것'을 청하면서 은근히 작별을 아쉬워하였고, 보살은 다시 아라다 선인이 있는 곳으로 걸음을 재촉하였습니다.

마침내 그곳에 이르렀을 때 백발이 성성한 119세의 아라다 선인은 그를 따뜻하게 맞이했습니다.

"먼 길을 오느라고 얼마나 피로하시겠소. 나는 그대가 오기를 손꼽아 기다렸다오. 부디 힘써 도를 닦아 나고 죽는 언덕 저쪽으로 건너가야 하오."

"고맙습니다. 저를 위하여 나고 죽음을 끊는 법을 말씀해 주십시오. 간절히 그 법을 듣고자 하옵니다."

선인은 보살에게 우주와 인생의 원리를 일러주었습니다.

"생명은 본래 그 형태를 알 수 없는 혼돈混沌이었소. 그 혼돈에서 '나我'가 생기고, '나'로부터 어리석은 마음이 생겨나 애욕愛欲을 일으키고, 마침내는 애욕에서 비롯된 육체가 생겨나게 됩니다. 애욕이 만들어낸 이 육체는 스스로에게 맞고 맞지 않는 것을 분별하여 맞으면 탐욕을, 맞지 않으면 성냄을 일으켜 갖가지 업을 짓게 됩니다. 이러한 번뇌와 업으로 인해 나고 늙고 병들고 죽는 슬픔과 괴로움을 받게 되는 것이오."

"그렇다면 생 · 노 · 병 · 사의 뿌리를 끊기 위해 어떠한 수행을 해야 하나이까?"

"나고 죽음의 근본을 끊고자 하거든 모름지기 출가를 하여 계행을 잘 지켜야 합니다. 계행을 잘 지키면 마음에 걸림이 없어지기 때문입니다. 그리고 인욕하면서 고요하고 한적한 곳에서 선정禪定을 닦아야 합니다. 먼저 세속적인 욕심과 잡된 생각들을 떨쳐버리고 마음을 살펴보면 초선初禪의 경지에 들어가게 되고, 모든 생각을 가라앉혀서 감각적인 분별을 없애면 제2선第二禪에 들게 되며, 오로지 한 생각으로 고요함을 얻으면 제3선第三禪에 들어가게 됩니다. 그리고 그 한 생각도 놓아 일체가 맑고 고요한 경계에 도달하면 제4선第四禪의 경지가 되는 것이오.

어떤 도인은 이 경지를 일러 해탈解脫이라고 합니다. 하지만 이 경계는 아직 주관과 객관이 분리되어 있는 자리입니다. 여기에서 더 나아가 주관도 객관도 인식도 생각하지 않는 비상비비상非想非非想의 경지로 나아가야만 생사를 완전히 넘어설 수 있게 되오."

아라다 선인의 이러한 가르침은 뒷날 부처님의 십이인연법 十二因緣法의 밑거름이 된 중요한 사상입니다.

보살 싯달타는 이 가르침에 따라 열심히 도를 닦았습니다. 그리고 마침내는 스승과 같은 경지에 이르렀습니다. 그러나 아직 '나我'는 생생히 살아 있었습니다. '나'가 있는 이상에는 언제 다시 애욕과 번뇌의 길로 다시 빠져들지 모르는 일이었습니다. 그래서 아라다 선인에게 '나'를 완전히 넘어설 수 있는 수행법을 물었습니다. 하지만 아라다 선인의 솔직한 대답은 '모른다'는 것이었습니다.

보살 싯달타는 다시 스승을 찾아 길을 떠났습니다. 우드라카 존자, 가섭 삼형제 등을 찾아 가르침을 구하였지만, 번뇌의 불이 완전히 꺼진 경지 또는 참으로 영원한 것은 체득할 수 없었습니다. 마침내 인도 그 어느 곳에서도 그를 가르칠 만한 스승이 없음을 느낀 보살은 '혼자의 힘으로 깨달음을 얻을 수밖에 없다'는 결론에 도달하였습니다.

피나는 6년 고행

보살 싯달타는 여러 스승들의 가르침을 바탕으로 처음부터 다시 시작하기로 결심하였습니다. 그래서 마갈타국 가야伽耶

라는 곳에서 멀지 않은 우루빌라촌의 숲속으로 갔습니다. 그 숲의 허리로는 니련선하尼連禪河가 감돌아 흐르고 있었고, 강가의 흰 모래는 매우 아름다웠습니다. 그곳에 자리를 정한 보살은 수행의 방법에 대한 깊은 명상에 잠겼습니다.

'아무리 고행을 닦은들 그 고행이 욕망을 성취하기 위한 것이라면 결코 도를 이룰 수 없다. 또 번뇌를 따라 가면서 아무리 열심히 고행을 해본들 젖은 나무를 물 가운데 두고 서로 비벼 불이 일어나기를 구하는 것과 같다. 참으로 해탈의 도를 이루려면 몸과 마음을 잘 단속하여 탐욕과 번뇌를 잠재우지 않으면 안 된다. 실로 욕망과 번뇌를 떠난 고요한 마음으로 고행을 닦는다면 틀림없이 세간을 뛰어넘는 큰 지혜를 얻을 것이다. 마치 마른 나무를 마른 땅에 두고 서로 비비면 마침내 불을 얻는 것과 같이…."

마침내 싯달타 보살은 이욕離欲과 적정寂靜을 이루기 위한 고행을 시작했습니다. 그 고행은 숲속에서 고요히 선정을 닦되, 하루 쌀 한 숟가락과 참깨 한 웅큼을 먹으며, 또는 쌀 한 낱과 깨 한 알만을 입에 넣고 동요됨이 없는 마음으로 앉아 있는 것이었습니다. 베옷 한 벌로 몸을 겨우 가리고, 몸을 씻거나 머리를 깎지도 않았습니다. 바람이 불거나 비가 오거나, 겨울이나 여름이나 한 모양으로 자리를 뜨지 않았습니다.

이렇게 한 해 두 해를 지나다 보니 살갗 속의 살과 피는 다 말라버렸고, 오직 종잇장 같은 살갗이 뼈를 싸놓은 인형처럼 되어버렸습니다. 손으로 몸에 쌓인 먼지를 털려고 하면 몸의 털이 말라 떨어졌고, 손으로 배를 만지면 문득 등뼈가 만져지는 것이었습니다.

마른 나무토막이 되어 앉아 있노라면, 나무하는 아이들이 쑥대로 콧구멍도 찔러 보고, 혹은 입과 귀도 찔러 보고, 또는 흙과 먼지를 끼얹기도 하였습니다. 그러나 보살 싯달타는 죽은 듯이 조금도 움직이지 않았습니다. 심지어는 까치가 머리 위에 둥지를 틀어 알을 까기도 하였다고 합니다.

이렇게 5년 동안 수행을 한 보살은 다시 우루벨라 연못가로 옮겨 고행을 계속 했습니다. 아래 윗니를 지긋이 물고 혀를 입천정에 댄 다음, 마음을 거두어 깊은 명상에 잠기거나 호흡에만 모든 의식을 집중하기도 했습니다. 그리고 때로는 코와 입을 막아 숨을 멈추기도 했습니다. 한참이 지나면 두 귓구멍에서 북을 치는 소리가 들려왔으며, 어떤 때는 온몸에 뜨거운 기운이 가득 차고 겨드랑이와 이마에서 구슬 같은 땀이 흘러내리기도 했습니다.

보살은 여러 가지 무리한 고행을 통하여 육체를 정복하였지만, 그가 근본적으로 바라는 깨달음을 얻지는 못하였습니다. 때로는 해탈의 삼매경에 잠기기도 하였지만, 삼매에서 깨어나면 다시 현실의 고통이 싯달타 보살의 피와 살을 파고들었습니다.

지나친 고행…. 마침내 보살은 오장이 마르고 기력이 다하여 땅에 쓰러졌습니다.

　때마침 불길한 예감을 느낀 정반왕은 대신 우다아인을 불러 급히 태자를 찾게 하였고, 우다아인이 싯달타 보살의 처소에 다다랐을 때 보살은 땅에 쓰러진 채 있었습니다. 머리에서 발까지 진흙과 먼지를 둘러 쓴 몸은 뼈만 앙상하였고, 눈동자는 우물에 비친 별 그림자 같았으며, 갈비뼈는 지붕을 벗어버린 집의 서까래와 같았습니다. 그것을 본 우다아인은 통곡을 하며 울부짖었습니다.

　"아이구, 이것이 웬일이오! 그처럼 단정하고 미묘하시던 몸이 어찌 이렇게 변할 수 있다는 말이오."

　우다아인은 억지로 보살을 업고 카필라성으로 데려 가려 했습니다. 그러자 보살은 말했습니다.

　"우다아인이여, 내 몸이 땅에 부딪혀 가루가 될지언정, 내가 처음 맹세한 마음은 부서지지 않을 것이오. 만일 내가 도를 이루지 못하고 이곳에서 죽거든, 그대는 나의 시체를 카필라성으로 옮겨가서 전해주시오. '이 사람은 끝까지 정진한 사람이며, 큰 서원을 세워 처음 마음을 버리지 않고 바른 마음으로 살다간 이의 해골이다' 라고…."

　우다아인은 하는 수 없이 눈물을 흘리며 돌아갔습니다.

§

　우다아인이 다녀간 얼마 후, 싯달타 보살은 극단까지 몰고

간 고행에 의해서는 최고의 깨달음에 도달할 수 없음을 알게 되었습니다. 육체를 괴롭힘으로써가 아니라, 오히려 육체의 힘을 잘 사용함으로써 인간고人間苦의 해탈을 가져올 수 있다는 확신을 갖게 된 것입니다. 그래서 보살은 6년 동안의 고행을 버리고 중도中道의 수행법을 택합니다. 그리고 마침내 부처를 이룹니다.

그렇다면 싯달타 보살의 6년 고행이 헛된 것이었을까요? 아닙니다. 결코 헛된 수행이 아니었습니다. 그것은 태자가 쓰러졌을 때 나타나 속삭였던 마왕魔王 파순波旬과의 대화 속에 잘 나타나 있습니다.

마왕은 탈진한 채 쓰러져 있는 보살에게 부드러운 음성으로 말했습니다.

"세상에서 목숨처럼 소중한 것은 없소. 목숨이 있어야만 종교의 이상향에도 도달할 수 있소. 당신과 같은 고행의 방법으로는 만의 하나도 성공할 가능성이 없을 것이오. 마음을 억제한다거나 번뇌를 끊는다는 것은 당초부터 무리한 일이었소. 이제 고행을 그만두도록 하시오. 훨씬 쉬운 방법이 얼마든지 있지 않소? 바라문들이 하는 것처럼 불을 섬기거나 제물을 바치면 얼마든지 공덕이 쌓일 것이오."

싯달타 보살은 이에 대해 단호히 답했습니다.

"마왕이여, 내가 구하고 있는 것은 단순한 이익이 아니다. 목숨은 언젠가 죽음으로 끝나는 법! 나는 죽음을 두려워하지 않는다. 아무리 강물이 많더라도 쉴 새 없이 바람이 불어오면 마침내 말라버리듯이, 고행을 계속하면 육체나 피는 말라버리지만 내 마음만은 항상 고요히 가라앉는다. 의욕과 노력과 정신통일이 내게는 갖추어져 있다. 그 위에 지혜도 있다. 헛되이 살아서 무엇을 할 것인가!"

이어서 보살은 수도에 방해가 되는 마魔의 실체를 밝힙니다.

"마왕이여, 나는 너의 군대를 잘 알고 있다. 제1군은 애욕이다. 제2군은 의욕상실이요, 제3군은 주림과 목마름이며, 제4군은 갈망이다. 제5군은 비겁이요, 제6군은 공포이고, 제7군은 의혹이며, 제8군은 분노이다. 그리고 제9군은 슬픔이요, 마지막 제10군은 명예욕이다. 자, 어떠냐? 나는 이와 같은 너의 군대와 싸우겠노라. 나는 바르게 생각하고 바르게 알고 있다."

이와 같이 확신에 찬 보살의 말을 듣고 마왕은 맥없이 물러났습니다.

§

그렇습니다. 싯달타 보살은 6년 고행을 통하여 모든 마왕의 군대를 물리쳤습니다. 수행에 방해가 되는 애욕·의욕상실·굶주림·갈망·비겁·공포·의혹·분노·슬픔·명예욕을 남김없이 극복하였던 것입니다.

모든 괴로움은 몸으로부터 시작됩니다. 이 몸이 괴로움의 근본이 되는 것입니다. 진정 생존 속에서의 괴로움을 벗어버리고 싶으면 육체의 노예가 되어서는 안됩니다. 육체의 노예가 될 때 괴롭고 두려운 일들은 함께 일어납니다.

정신을 가다듬고 굳건히 하여 바르게 생각하며 수행에 장애가 되는 갖가지 마의 군대들을 극복하는 것. 이것이 부처님께서 6년 동안 뼈를 깎으며 고행하신 까닭입니다.

그러나 우리들은 부처님처럼 처절한 고행을 할 필요가 없습니다. 이미 부처님께서 행하여 보고 중도中道라는 새로운 길을 닦아주셨기 때문입니다. 우리는 그 중도의 길을 따라 걸어가면 됩니다. 다만 부처님께서 마왕에게 지적한 애욕 · 의욕상실 · 굶주림 · 갈망 · 비겁 · 공포 · 의혹 · 분노 · 슬픔 · 명예욕 등을 잘 극복하면서….

4. 중도의 수행과 성불

참된 깨달음은 어디에서

"육체적인 고행을 통하여 정신세계를 높이 끌어올린다."

인도의 전통적인 수행관은 바로 이러한 것이었습니다. 하지만 싯달타 보살이 뼈를 깎는 고행을 통하여 얻은 것은 결코 얻고자 한 깨달음이 아니었습니다. 순간, 싯달타 보살의 머리에는 어린 시절 농경제農耕祭에 참가했을 때의 일이 스치고 지나갔습니다.

파리한 농부들이 소를 채찍질하면서 밭을 갈아엎을 때마다 땅 속의 벌레들은 쟁기 날에 찢기고 끊어진 채 땅 위로 노출되었고, 이 벌레들을 각종 새들이 재빨리 날아들어 쪼아 먹는 것이었습니다. 이 모습을 보고 말할 수 없는 충격을 느낀 태자는 무리에서 벗어나 홀로 나무 아래 앉아 명상에 잠긴 일이 있었습니다. 그 당시 12살의 태자는 육체도 정신도 모두 잊는 무아

無我의 상태가 되어 모든 생명을 '나'와 조금도 다름없이 보는 삼매三昧 속에 젖어 들었습니다.

이렇게 어린 시절의 경험을 회상한 보살은 육체와 정신을 둘로 나눈 채 위없는 깨달음을 구하는 이상에는 최상의 경지에 이를 수 없다는 것을 깊이 느끼게 됩니다.

또한 괴로움의 연속인 생사의 세계와 괴로움의 불이 완전히 꺼진 열반涅槃의 세계가 따로 존재하는 것이 아님을 느낍니다. 고행을 통하여 생사의 세계를 완전히 뛰어넘어야 열반의 경지에 도달하게 된다는 이제까지의 고정관념부터 탈피해야 됨을 느낍니다.

오직 삼매의 수행을 통하여 육체와 정신, 쾌락과 고행, 선악과 시비와 생사 유무를 모두 떠난 중도中道의 길에 들어서야 진리를 체득할 수 있음을 깨달은 것입니다.

'고행을 통하여 공덕을 쌓는 것만으로는 결코 해탈의 경지에 이르지 못한다. 모든 괴로움은 번뇌에서 비롯된다. 번뇌를 소멸시키자. 번뇌를 완전히 소멸시킬 때 괴로움은 저절로 사라지고 온전한 깨달음은 여기에 나타난다.

원래부터 이곳은 법계法界! 진리의 세계이다. 번뇌가 진리를 가리워서 보지 못할 뿐, 원래 이 세계는 진리로 가득 채워져 있다. 무명無明의 충동력이 생사를 만들었을 뿐, 원래 이 세계가 생사의 세계는 아니었다.

육체를 괴롭힐 것이 아니라 나의 번뇌를 제거하자. 나의 번뇌를 가라앉히자. 나의 번뇌를 소멸시키자.

그렇다면 번뇌를 소멸시키는 비결은 무엇인가? 번뇌와 벗하지 않을 뿐더러 그 무엇도 추구하지 않는 것이다. 오직 마음을 비워 적정寂靜의 삼매를 이루어 보자. 나의 마음이 한없는 고요함, 곧 적정의 상태에 이르면 법계와 하나가 되고, 법계와 하나가 되면 저절로 빛 그 자체가 되며 진리 그 자체가 된다. 그것이 위없는 깨달음[無上正覺]이다.'

이렇게 생각한 싯달타 보살은 위없는 깨달음을 이루기 위해 그토록 매달렸던 6년 동안의 고행을 미련 없이 버립니다. 그리고 체력을 회복하기로 결심한 싯달타 보살은 먼저 옷차림부터 갖추고자 합니다.

그는 묘지로 나아가, 흩어져 있는 죽은 사람의 옷 조각을 모아 분소의糞掃依를 만든 다음 손수 빨래를 하였습니다. 그리고 니련선하尼連禪河 강물 속으로 들어가 목욕을 하고, 강가의 숲 속에 앉아 선정에 들었습니다.

그때에 우루벨라 촌장의 딸인 수자타가 수신樹神에게 기도를 드리러 왔다가, 나무 아래에서 좌선을 하고 있는 보살을 발견했습니다. 비록 피골은 상접되어 있었지만 신성한 기운이 감도는 보살을 대하자, 거역할 수 없는 힘에 이끌려 나무의 신에게 바치고자 마련해 온 유미죽乳鳥粥을 바쳤습니다.

그 유미죽은 온갖 정성을 다 바쳐 만든 것이었습니다. 천 마리의 소에서 젖을 짜 일곱 번이나 끓인 다음, 그 속의 알짜만을 따로 담습니다. 그리고 새 쌀과 꿀과 설탕을 그 우유에다 넣고 끓여서 묽게 만든 죽입니다.

수자타가 이 죽을 끓일 때 이상하게도 죽 위에 '卍' 자의 상서로운 표적이 나타났는데, 마침 싯달타 보살을 만나 공양을 올리게 된 것입니다.

보살은 유미죽 공양을 기꺼이 받아먹었습니다. 맛은 비길 데 없이 감미로웠고, 다 먹고 나자 기력이 샘솟았을 뿐 아니라, 고행으로 인해 검은색으로 변하였던 피부도 원래의 금빛으로 돌아왔습니다.

보살의 이러한 모습을 옆에서 지켜본 교진여喬陳如·마승馬勝 등의 다섯 시자는 크게 실망했습니다. 일찍이 그들은 보살의 용맹스런 고행에 감탄하여 스스로 시중을 들기를 자청하였던 수행자들이었습니다.

"아, 싯달타는 타락했다. 고행을 버리고 음식을 먹었으며, 건강을 위하여 몸에 향유를 발랐다. 이는 우리들이 여태까지 싯달타에게 걸어 왔던 기대를 배신하는 행위이다. 이 이상 싯달타에게 무엇을 기대한다는 것은, 마치 머리를 감으려는 자가 한 방울의 이슬에 의지하려는 것과 같이 무의미한 것이다."

그들은 보살을 버리고 바라나시의 녹야원鹿野苑으로 떠나가고 말았습니다. 하지만 싯달타 보살은 상관하지 않고, 위없이 바르고 완전한 깨달음을 이룰 보리도량菩提道場을 향해 나아갔습니다. 곧 니련선하 강물을 건너 전정각산前正覺山 서쪽에 있는 붓다가야에 이르렀습니다.

그리고 풀을 베고 있는 한 사나이로부터 부드럽고 향기가 나는 '쿠샤' 풀을 얻어 큰 핍팔라 나무 아래로 갔습니다(핍팔라 나무는 뒤에 부처님이 깨달음을 얻은 인연으로 인해 보리수로 널리 알려지게 됨). 마침 그 나무 밑에는 네모반듯한 바위가 좌대 모양으로 놓여 있었습니다.

'이곳이야말로 보리를 이룰 도량이다.'

이렇게 확신한 보살은 핍팔라 나무 둘레를 세 바퀴 돌아 나무의 신에게 인사들 드린 다음, 동쪽을 향해 풀을 깔고 그 위에 몸을 바로 세워 앉았습니다. 그리고 스스로 맹세했습니다.

여기 이 자리에서 내 몸은 메말라도 좋다
가죽과 뼈와 살이 없어져도 좋다
어느 세상에서도 얻기 어려운
저 깨달음에 이르기까지는
이 자리에서 결코 일어서지 않으리

마왕의 항복

　이렇게 하여 부처를 이루기 위한 마지막 준비를 모두 마친 싯달타 보살은 곧바로 선정삼매禪定三昧에 빠져 들었습니다.

　보리수 아래에서의 선정. 마침내 싯달타 보살의 선정은 몰아沒我의 경지로 접어듭니다. 선정의 힘이 깊어지자 욕계欲界의 제6천天, 곧 욕심이 있는 존재들이 살고 있는 세계 중에서 가장 높은 곳에 자리 잡고 있는 타화자재천他化自在天의 마왕궁魔王宮이 크게 진동을 합니다.

　타화자재천! 타화자재천은 '남으로 변화하는 것이 자유자재하다' 는 뜻을 가지고 있습니다. 따라서 이곳에 사는 존재들은 남을 마음대로 조정할 수 있다고 합니다. 이 타화자재천의 왕은 파순波旬입니다. 곧 마왕魔王이 이 세계를 지배하고 있는 것입니다.

　여기서 잠깐 생각해 보십시오. 과연 마魔란 무엇이며 마왕이란 무엇입니까? 결심한 '나' 의 마음을 그릇되게 흔들어버리는 또 다른 내 마음의 장난이 마군魔軍이며, 우리를 그릇된 길로 나아가도록 만드는 번뇌의 뿌리가 마왕입니다. 곧 탐심貪心 · 진심(瞋心, 분노심) 등을 일으키는 무명無明이 마왕인 것입니다.

　깊은 선정에 잠긴 싯달타 보살은 마침내, 수없는 세월 동안 우리와 함께 하면서 탐심과 진심을 일으키게 하여 우리를 윤회하는 세계 속으로 몰아낸 무명이 그 근본임을 깨달아 마왕의 관문에 다다르게 되는데, 이를 경전에서는 인도의 전통적인 묘사법에 따라 '진동시켰다'고 표현한 것입니다.

궁전이 진동하자 마왕은 장군들을 불러 모아 보리수 아래에 있는 보살을 제압할 방법을 토의했습니다. 그러나 보살의 고행 시절, 이미 마군魔軍들을 데리고 갔다가 참패를 당한 장군들은 오히려 마왕에게 충고를 했습니다.

"도저히 이길 승산이 없으니 단념하는 것이 좋겠습니다."

그러자 마왕은 지극히 사랑하는 세 딸, 탄하(갈애)·마라티(혐오)·라가(탐욕)을 불러 보살을 유혹하도록 명령했습니다.

> 따스한 봄볕 아래
> 나무도 풀도 물이 올라 있어요
> 젊은 시절은 즐거운 거죠
> 청춘은 두 번 다시 오지 않아요
> 우리와 함께 청춘을 즐겨요

마왕의 세 딸들은 아름다운 음성으로 노래를 부르며 서른두 가지의 요염한 자태를 취하며 보살을 유혹했습니다. 그러나 보살은 조금도 흔들림 없이 부드러운 말씨로 그들을 달랩니다.

"육체의 쾌락에는 고뇌가 따른다. 이 도리를 알지 못하는 세상 사람들은 욕정에 빠져 있다. 하지만 나는 오래 전에 그러한 고뇌를 초월해버렸다. 나는 이제 절대적인 정신의 자유에 도달하려고 한다. 그리고 세상 사람들까지 자유롭게 해주리라 생각하고 있다. 하늘을 지나는 바람처럼 자유로운 나를, 어떻게 그대들이 잡아 매어 둘 수 있겠는가? 너희들이 지금, 이 같이 아름다운 천녀의 모습을 하고 있는 것도 옛적에 선업善業을 쌓았기 때문이다. 지금 그 근본을 잊어버리고 나쁜 짓을 하면 머지않아 지옥에 떨어져 괴로움을 받게 된다."

보살은 마왕의 딸들에게 조금도 적의를 보이지 않았습니다. 오히려 마왕의 딸도 바른 길로 이끌어야 한다는 깊은 자비심으로 그들을 대했습니다. 마왕의 딸들은 깊이 감복하여 보살에게 경의를 표하고 손에 들었던 꽃을 바친 다음 마왕궁으로 돌아와 보고했습니다.

"보름달처럼 맑고 환한 얼굴, 진흙 속에서 솟아오른 연꽃과 같은 모습, 아침 햇살처럼 산뜻하고 수미산처럼 의젓하며 타오르는 불길처럼 매서운 위광威光. 그분은 기필코 생사의 속박을 넘어서서 모든 중생을 구제해주실 것입니다. 아버님, 쓸데없는 반항일랑은 그만두세요. 설혹 수미산이 무너지고 해와 달이 떨어진다고 할지라도 그분은 꿈쩍도 하지 않을 것입니다."

이로써 싯달타 보살은 나고 죽음의 깊은 뿌리 중 하나인 탐심貪心을 완전히 극복하게 됩니다.

하지만 마왕은 물러설 수 없었습니다. 화가 잔뜩 난 마왕은 모든 부하들을 거느리고 보살 앞으로 나아가, 직접 무기를 휘두르고 활을 쏘고 불덩이를 던지며 공격했습니다. 그러나 선정에 든 보살이 조그마한 적의도 일으키지 않고 자비심을 일으키자, 몸 가까이 날아온 어마어마한 무기나 화살들은 모두 아름다운 꽃다발이 되어 둘레를 장식하였고, 무서운 불덩이는 햇볕을 가려주는 천개天蓋로 변해버리는 것이었습니다.

마침내 보살은 마왕 파순을 완전히 제압합니다. 하지만 이것이 마왕과의 관계만을 이야기한 것은 아닙니다. 바로 깊은 선정 속에서 탐貪 · 진瞋 · 치癡 삼독三毒 가운데 두 번째인 진심瞋心을 지극한 자비심으로 완전히 탈바꿈시켰음을 일깨워주고 있는 것입니다.

샛별이 빛날 때

이제 우리는 싯달타 보살이 삼독심 중에서 가장 뿌리가 깊은 치심癡心, 곧 무명無明을 제거하여 일체지一切智를 이룸으로써 부처가 되는 순간을 살펴볼 때가 되었습니다.

때는 12월 초이레 저녁, 모진 비바람은 씻은 듯이 개었고, 하늘에는 상현달과 뭇 별들이 초롱초롱 빛을 발하고 있었습니다. 싯달타 보살은 더욱 깊은 선정에 들어 4선정(四禪定, 고요함과 지혜로움을 함께 갖춘 선정의 4단계)을 체득하기 시작했습니다.

제1선정에서는 모든 욕망과 악을 떠나 초월의 기쁨을 맛보았습니다. 하지만 마음속에는 다소의 잡념이 남아 있었습니다. 보살은 제2선정에 들어 마음의 잡념을 가라앉히고 마음을 하나로 통일하여 삼매三昧를 이루었습니다. 그러자 말할 수 없는 환희가 마음을 가득 채웠습니다. 보살은 다시 마음의 환희를 초월하여 참된 '나'에 대해 정념정지正念正知함으로써 맑은 빛이 가득한 제3선정에 이르렀고, 마침내는 즐거움도 괴로움도 없고 근심도 기쁨도 없어져서 편안한 느낌만 남는 제4선정의 경지에 도달하게 되었습니다.

이 제4선정은 싯달타 보살만이 아니라 이전의 다른 수행자들도 닦았고 부처님의 제자들도 모두 닦았던 매우 중요한 수행법으로, 이 경지에 이르면 정신 활동이 자유로워지고, 결코 동요되지 않는 부동不動의 마음을 얻게 됩니다.

보살은 곧이어 온갖 구속에서 벗어나 모든 것을 자유롭고 올바르게 관찰할 수 있는 천안통天眼通을 얻었고, 이 천안통에 의해 중생들이 살아가는 모습을 살펴보았습니다.

중생들은 죽어서 다시 태어나고, 태어나서는 다시 죽기를 끊임없이 되풀이하고 있었습니다. 더러는 아름답게, 더러는 추하게, 어떤 이는 안락한 곳에, 어떤 이는 괴로운 곳에 태어났습니다. 빈부귀천의 수많은 계층이 있지만, 모두가 지은 업業에 따라 그와 같이 살고 죽는 것임을 확연히 알게 되었습니다. 이와 같이 천안통에 의해 중생이 나고 죽는 운명을 관찰하여 마쳤을 때 초저녁은 지나갔습니다.

여전히 깊은 선정에 잠긴 싯달타 보살은 한밤중에 이르러, 자신과 다른 중생들의 무수한 과거의 생애를 기억해내는 숙명지宿命智을 얻었습니다. 마음을 자유자재로 움직여 하나의 생애, 둘·셋·넷·열·스물·백·천의 생애를 거슬러 올라가 우주 생성의 시간까지 꿰뚫어 보았던 것입니다. 모든 관찰을 마친 보살은 생각했습니다.

'아, 참으로 가엾은 일이다. 이 세상의 존재들은 태어나서 늙고 병들고 죽었다가 다시 태어나기를 거듭하고 또 거듭한다. 그렇지만 이 커다란 고뇌의 덩어리, 곧 늙음과 병듦과 죽음으로부터 벗어날 줄을 모른다. 아니, 벗어날 방법조차 찾지 않고 있다.'

보살은 크게 대비심大悲心을 일으켜 선정 속에서 늙음과 죽음의 발원지를 찾아들어 갑니다.

무엇으로 인해 늙음과 죽음[老死]이 있는가? 태어남[生]으로 말미암아 늙음과 죽음이 있다.

그렇다면 무엇으로 인해 태어나게 되는가? 존재[有: 곧 업(業)]로 말미암아 태어나게 된다.

무엇으로 인해 존재의 업이 있게 되는가? 집착[取]으로 말미암아 업을 짓게 된다.

무엇으로 인해 집착이 생기는가? 갈애[愛]로 말미암아, 집착이 생긴다.

무엇으로 인해 갈애가 생기는가? 받아들임[受]으로 말미암아 갈애가 생긴다.

무엇으로 인해 받아들임이 생기는가? 접촉[觸]으로 말미암아 받아들임이 있게 된다.

무엇으로 인해 접촉이 생기는가? 육입(六入 : 눈·귀·코 등 여섯 가지 감각기관)으로 말미암아 받아들임이 생긴다.

무엇으로 인해 육입이 생기는가? 정신작용과 물질이 합해지는 것[名色]으로 말미암아 육입이 생긴다.

무엇으로 인해 정신작용과 물질이 합하여 지는가? 인식[識]으로 말미암아 정신과 물질이 하나로 합한다.

무엇으로 인해 인식이 생기는가? 충동력[行]으로 말미암아 인식이 생긴다.

무엇으로 인해 충동력이 생기는가? 무명無明으로 말미암아 충동력이 생긴다.

이와 같이 보살은 인간 고뇌의 원인을 연쇄적으로 차례차례 거슬러 올라가면서 고찰한 결과, 생로병사의 근원에는 무명이 있다는 것을 밝혀내었습니다. 무명에서 시작되는 이 연쇄작

용, 곧 무명無明 → 행行 → 식識 → 명색名色 → 육입六入 → 촉觸 → 수受 → 애愛 → 취取 → 유有 → 생生 → 노사老死를 불교에서는 십이인연十二因緣 또는 십이연기十二緣起라 하여 매우 소중한 근본교리로 삼고 있습니다. 실로 이 열두 단어 속에는 인생의 고난을 푸는 깊은 뜻이 담겨져 있습니다(이에 대해서는 졸저『희망과 행복의 인연법』에 보다 상세히 설명되어 있음).

마침내 12월 8일의 새벽, 싯달타 보살은 동쪽 하늘에서 유난히 반짝이는 샛별을 보는 순간 홀연히 깨달음을 얻었습니다. 나고 죽음의 근본 종자인 무명無明의 뿌리가 끊어지면서 진리 그 자체인 무상정등정각無上正等正覺을 성취하신 것입니다. 이때 보살은 스스로 감탄했습니다.

"아! 기특하도다. 모든 중생들이 다 이와 같은 지혜와 덕상德相을 갖추었건만, 오로지 망상妄想에 집착되어 스스로 체득하지 못하는구나. 만일 이 망상의 집착만 여읜다면 바로 일체지一切智 · 자연지自然智 · 무사지無師智를 얻게 되는 것을!"

이렇게 하여 싯달타 보살은 부처가 되었습니다. 곧 석가모니불釋迦牟尼佛이 된 것입니다. 때는 35세 되던 해, 12월 8일이었습니다.

6년 동안의 치열한 고행 끝에 마침내 위없는 깨달음을 성취

한 석가모니불. 부처님은 노래를 불렀습니다.

더러움이 모두 없어져 버렸네
더러움의 흐름도 모두 멎어 버렸네
더 이상은 태어남이 없게 되었으니
이것을 이름하여 고뇌의 최후라 하네

이 순간 모든 어둠이 사라지고 온 세계가 기쁨에 넘쳤으며, 신들은 일제히 꽃을 뿌려 부처님을 축복하였습니다. 부처님의 머리 위에는 보석으로 만들어진 천개天蓋가 씌여졌고, 그 찬란한 광명은 삼천대천세계를 비추었으며, 또 모든 부처님들과 보살들이 나타나 새로 탄생한 부처님의 덕을 찬탄하였습니다.

그러나 부처님은 곧바로 중생제도의 길로 뛰어들지 않았습니다. 스스로가 깨달은 법(法, 진리)을 점검하고 즐기기 위해서였습니다. 그 기간은 경전에 따라 삼칠일(21일) 또는 칠칠일(49일)로 달리 묘사하고 있는데, 우리나라에서는 삼칠일 설을 많이 채택하고 있습니다.

첫 7일 동안 부처님께서는 보리수 아래의 금강좌金剛坐에 그대로 앉아 십이인연十二因緣의 법을 다시 점검했습니다. 무명無明에서 시작하여 마침내 태어남과 늙음·죽음·근심·슬픔·괴로움이 생기기까지, 또 거꾸로 무명이 없어지면 마침내 태어남도 늙음도 죽음도 근심도 슬픔도 괴로움도 없어진다는 십이인연의 이치를 차례차례로, 그리고 거슬러 관찰하면서 7일 밤낮을 보내었습니다. 아울러 모든 현상이 인연을 따라 생겨나고, 인연을 따라 소멸하는 우주의 진리를 남김없이 사무쳐 관찰했습니다. 인연법! 바로 인연법을 관찰하신 것입니다.

5. 초전법륜初轉法輪

진리를 설할 것인가 말 것인가

부처님께서는 첫 7일 동안 이렇게 인연법을 거듭거듭 점검하신 다음, 자리를 옮겨 끝없는 법열法悅에 잠겼습니다. 그리고 삼칠일 동안의 깊고 미묘한 해탈 법열 속에서 마침내 최상의 깨달음을 얻었다는 확신을 얻었습니다.

그런데 자신이 발견한 진리가 최고로 완벽한 것임을 확신한 부처님은 오히려 주저하기 시작했습니다. 곧, 자신이 발견하고 체득한 진리를 설할 것인가 설하지 말 것인가 하는 점이었습니다. 왜 부처님께서는 주저하신 것인가? 그 진리의 법을 받아들이는 중생들에게 문제가 있었기 때문입니다. 그때의 심경을 부처님은 노래로 표현하였습니다.

내가 얻은 진리는 미묘하고 또 깊건만

어리석은 중생들은 오욕과 삿된 견해로
생사 속을 흘러갈 뿐 근원을 찾으려 않네
이러한 사람들을 어떻게 건져내리

　나아가 부처님께서는 중생들이 진리의 법문을 받아들이지
못하는 것은 고사하고, 부처님의 법을 비방을 하여 장차 악도
惡道에 떨어져 고통을 받게 될 것임을 걱정했습니다. 그리하여
'잠자코 열반涅槃에 드는 것이 옳지 않을까?' 생각하였고, 신
들은 부처님의 이러한 마음을 헤아리고 설법해 주시기를 간청
합니다. 먼저 제석천帝釋天이 청했습니다.

악마의 군대를 쳐부순 그 마음은
월식을 벗어난 달과 같사옵니다
이제 부디 자리에서 일어나시어
세상의 어둠을 지혜의 빛으로 밝히소서

　그러나 부처님께서 잠잠히 계시자, 옆에 있던 대범천大梵天
이 "그와 같은 간청으로는 안 된다"고 하면서 부처님 앞으로
나와 합장 예배하고 청했습니다.
　"성자시여, 부디 법을 설하여 주옵소서. 반드시 깨닫는 이
가 있을 것입니다."
　그래도 부처님께서 침묵을 지키고 있자, 대범천은 권청勸請

의 노래를 부릅니다.

  이전부터 이 세상에서는
  때 묻은 자들이
  부정한 법을 설하고 있습니다
  부디 감로甘露의 문을 여시어
  청정한 부처님의 법을
  중생들에게 들려주소서

  부처님은 대범천의 이 노래를 듣고 다시 한 번 부처의 눈으로 이 세상에 상·중·하 세 부류의 사람이 있음을 관찰했습니다.

  "가장 정도가 낮은 사람은 불법을 설하거나 말거나 깨달을 기회가 없고, 가장 높은 사람은 법을 설하지 않아도 언제나 깨달을 수 있다. 하지만 중간 정도의 사람들은 다르다. 법을 듣는다면 깨달을 것이요 법을 듣지 못한다면 깨닫지 못할 것이다. 이러한 사람들을 위해서는 법을 설하지 않으면 안 된다."

  마침내 석가모니부처님께서는 보통사람들을 위해 설법을 할 것을 결심하고, 대범천에게 노래로 답하였습니다.

  그대의 청을 받아들여
  감로의 비를 내리리라

모든 세상의 중생들
신들도 사람도 용들도
믿음이 있는 자는
모두 이 법을 들어라

녹야원을 향하여

믿음 있는 이를 위해 설법을 할 것을 결심한 부처님께서는
교화할 대상을 찾았고, 가장 먼저 머리에 떠오른 것은 이전의
스승이었던 아라다 선인과 우드라카 존자였습니다. 그들은
지혜와 총명이 뛰어나고 오랫동안 도를 닦았으므로 법을 들으
면 곧 깨침을 얻을 것이요, 또 앞서 약속한 바도 있었기 때문
이었습니다. 그러나 천안天眼으로 관찰해 본 결과 한 사람은 7
일 전에, 또 한 사람은 3일 전에 죽었다는 것을 알게 되었습니
다.

다음으로 생각한 것은 다섯 친구. 석가모니의 고행 시절,
그의 덕을 사모하여 함께 따라다니며 수행하다가 석가모니가
고행을 포기하자 '타락했다'며 곁을 떠나갔던 도반들이었습
니다. 부처님은 그들을 찾아 우루빌라의 붓다가야로부터 2백
km 떨어진 바라나시로 향했습니다.

도중에 부처님은 5백 대의 수레에 물건을 가득 싣고 가는 트라프사와 바루리카라는 상인을 만났습니다. 그들은 부처님의 거룩한 모습을 접하고 기쁨과 존경하는 마음이 일어나 꿀과 밀과 우유 등으로 훌륭한 음식을 마련하여 부처님께 바쳤습니다. 부처님께서는 기꺼이 공양을 받으시고 두 상인에게 수기를 주셨습니다.

"너희는 깨끗한 마음으로 음식을 베푸는구나. 이 선근善根 인연으로 마음이 맑아지고 재난이 사라지며, 늘 천상과 인간의 세상에 태어나 항상 부처님의 묘한 법을 듣게 될 것이며, 마침내는 도를 깨닫게 되리라."

부처님께서 중생에게 설한 이 최초의 말씀은 바로 '깨끗한 마음으로 베푸는 보시'에 대한 것입니다. 순수한 마음의 보시가 모든 번뇌와 재난을 소멸시키고 마침내 도를 이룰 수 있게 하는 밑거름이 된다는 말씀입니다.

이어 부처님께서는 수기를 받은 기쁨 속에서 예배를 올리며 귀의하는 두 상인에게 꼭 명심해야 할 가르침을 내립니다.

"너희는 '부처佛'와 부처의 가르침인 '법法'에 귀의함을 얻었다. 언제나 귀의하는 마음을 버리지 말라."

두 상인은 인간 중에서 부처님께 최초로 공양을 올린 사람인 동시에 최초의 불자, 최초의 귀의자歸依者가 된 것입니다. 하지만 이 경우에는 부처님과 법에만 귀의한 것이기 때문에 '이귀의二歸依'라 칭하고 있으며, 뒷날 승(僧 : 敎團)이 생겨나면서부터 '삼귀의三歸依'가 정착되게 됩니다.

이어 바라나시에 도착한 부처님께서는 출가 수행자의 법도대로 아침나절에 바리때를 들고 거리로 나가 탁발을 하였습니다. 그리고 식사를 마친 다음 바라나시 교외의 녹야원鹿野苑으로 향했습니다.

한때 부처님과 함께 고행을 닦았던 교진여喬陳如·마승馬勝·발제리가跋提梨迦·마남구리摩男拘利·십력가섭十力迦葉 등 다섯 수행자들은 멀리서 걸어오는 부처님을 보고 서로 의논했습니다.

"저기 오는 이는 수행자 고오타마가 아닌가? 그는 타락한 수행자다. 고행을 견디지 못하여 중지해버린 그가 무엇을 이룰 것인가? 우리는 그가 가까이 오더라도 경의를 표하지 말자. 그저 수행자의 예절에 따라 발 씻을 물과 음식만 준 다음, 마음대로 하도록 내버려두자."

그런데 어찌된 일인지, 부처님께서 다가서자 자신도 모르게 일어서서 예배를 드렸습니다. 그리고 옷을 받아들고 발을 씻겨주었으며, 자리를 정돈하여 가장 웃자리에 앉게 하였습니다.

"이전에 너희들은 나를 버리고 갔고, 지금은 나를 보더라도 경의를 표하지 말자고 약속하였다. 그런데 이토록 정중하게 맞이하는 까닭이 무엇이냐?"

'오 고오타마시여. 당신의 얼굴빛은 이전과 전혀 달라 맑고 깨끗하며, 몸에서는 순금과 같은 광채가 납니다."

"그대들은 이제부터 '고오타마'라는 나의 성을 부르는 것을 그만 두기 바란다. 나는 이미 끊을 것을 끊고 깨칠 것을 깨치어 할 일을 다 마친 여래如來가 되었다. 나는 참으로 부처가 된 것이다. 내 가르침에 따라 수행한다면 머지않아 그대들도 수행의 이상향에 도달하여 출가한 목적을 이룰 수 있을 것이다."

교진여는 눈을 크게 뜨고 물었습니다.

"도대체 당신은 언제 부처가 되었습니까? 고행을 하여도 부처가 될 수 없었던 당신이, 고행을 걷어치우고서 정각正覺을 이루었다고는 생각할 수 없습니다."

"교진여야, 너의 조그마한 지혜로 나의 위없는 깨달음을 헤아리려 하지 말아라. 세상에는 두 극단이 있나니, 수행자는 그 어느 쪽으로 기울어져도 안 된다. 두 극단이란 무엇인가? 첫째는 관능官能이 이끄는 대로 욕망의 쾌락에 빠지는 것이니, 이것은 저속하고 천하고 어리석고 무익하다. 둘째는 자기 자신을 괴롭히는 데에 열중하는 것이니, 이것은 괴롭기만 할 뿐 최고의 이상인 깨달음에 이르는 데는 아무런 보탬도 되지 못한다. 나는 두 극단을 버리고 중도中道를 깨달았다. 이 중도에 의해 성스러운 깨달음을 이룬 것이다."

중도는 곧 팔정도

"쾌락과 고행의 두 극단을 떠나지 못한 수행에는 진정한 깨달음의 결실이 있을 수 없다"는 부처님의 말씀에, 옛날 함께 고행을 했던 다섯 도반은 강한 충격을 받고 두 극단을 떠난 중도中道의 수행법이 무엇인가를 물었습니다.

이에 부처님께서는 '중도는 곧 정도正道'라는 정의부터 내렸습니다.

그렇습니다. 중도는 정도, 곧 바른 길입니다. 고행苦行과 낙행樂行에 빠져 참된 자기를 잃어버리는 삶이 아니라, 깨어 있는 삶의 길이 중도입니다. 깨어 있는 자만이 올바른 깨달음[正覺]을 이룰 수 있기 때문입니다.

실로 모든 인간은 잘살기를 바라고 있습니다. 하지만 뜻대로 되지 않습니다. 그럼 세상을 잘살아가려면 어떻게 살아야 하는가? 중도를 걸으며 살아야 합니다.

하지만 중도는 고행과 낙행의 중간 길이 아닙니다. 그렇다고 적당하게 사는 것도 아닙니다. 중도는 정도正道, 곧 바르게 사는 것이요, 정도로 살 때 모든 괴로움이 사라진 열반(涅槃, 번뇌의 불길이 완전히 꺼진 상태)의 삶을 살 수 있게 되는 것입니다. 이어서 부처님은 우리가 마땅히 실천해야 할 여덟 가지 바른 길에 대해 설하셨습니다.

"수행자들이여, 중도는 여덟 가지 바른 길[八正道]로 이루어져 있다. 곧 올바른 견해[正見], 올바른 생각[正思], 올바른 말씨[正語], 올바른 행위[正業], 올바른 생활[正命], 올바른 노력[正精進], 올바른 집중[正念], 올바른 선정[正定]이다. 이것을 팔정도라 하며, 이를 따라 열심히 수행하면 마음이 고요한 정정正定에 들어 생·노·병·사의 번뇌에서 벗어날 수 있느니라."

여덟 가지 바른 길이 무엇인가를 밝힌 부처님께서는 몇날 며칠에 걸쳐 다섯 수행자에게 팔정도의 하나하나에 대한 설법을 들려주었습니다.

특히 ① 정견正見에 대한 부처님의 자상한 설법은 끝없이 이어졌습니다. 올바로 보지 못하기 때문에 업을 짓게 되고, 그 업으로 말미암아 괴로움으로 가득 찬 세계 속을 윤회하기 때문이었습니다.

정견에 대한 부처님의 설법은 크게 두 가지로 나누어집니다. 하나는 세계에 대한 것[世界觀]이고, 다른 하나는 인생에 대한 것[人生觀]입니다.

세계관에 대해 부처님께서는 당시 인도 사회를 지배하고 있었던 신神에 대한 그릇된 믿음부터 옳곧게 바루고자 합니다. 곧 브라흐만(Brahmam)의 세계 창조론으로부터 비롯된 제사만능주의와 그릇된 수행관을 깨뜨리기 위해서였습니다.

당시의 인도 사회에는 신에게 제사를 지내면 모든 것을 이룰 수 있다는 제사만능주의가 팽배되어 있었고, 수행자들의 고행 또한 신의 세계로 나아가기 위한 일종의 헌신이었습니다. 그러나 이 세상은 인과의 법칙으로 움직일 뿐, 신에 대한 제사나 고행으로는 인간고의 해탈이나 행복을 안겨줄 수 없음을 부처님께서는 깨우쳐 주었습니다.

곧 신의 힘에 의해서 움직이는 세상이 아니라 진리에 의해 움직이는 세상, 인간의 신분과 삶의 질은 신이 결정하는 것이 아니라 인간 스스로의 업이 결정한다는 사실을 깨닫게 한 것입니다.

다음으로 부처님께서는 지금 우리가 가지고 있는 그릇된 인생관을 고쳐 주고자 합니다.

부처님께서는 우리 중생들이 네 가지 뒤바뀐 소견[顚倒見] 속에 빠져 정견正見을 하지 못한다고 하셨습니다. 곧 상常·낙樂·아我·정淨의 네 가지 측면에서 자신을 잘못 보고 있다는 것입니다.

세상 사람들은 영원함[常]과 행복[樂]과 자유자재로움[我]과 청정함[淨]을 원하고 구하지만, 오히려 이 세상은 상常이 아니라 '무상無常'할 뿐이요, 생·노·병·사와 이별·재난 등이 도사리고 있는 인생살이는 한마디로 '고苦'라고 할 수밖에 없습니다. 또 서로가 상대적인 관계와 인연 속에서 살아가고 있기 때문에 다른 사람이 무너지면 나까지 무너져버리는 '무아無我'의 존재일 뿐이요, 육체는 물론 번뇌망상으로 가득한 마음 또한 청정하다고 할 수 없는 것입니다.

이처럼 무상無常하고 무아無我요 고苦요 부정不淨한 인생살 이이건만, 중생은 이를 긍정하고 받아들이기 전에 영원함과 행복과 자유자재와 청정함을 먼저 추구합니다. 이 추구로인 해 뒤바뀜이 시작되며, 이 뒤바뀜으로인해 삶이 더욱 꼬 이고 어려워질 수밖에 없습니다.

하지만 이러한 뒤바뀐 소견들을 버릴 때 헛된 욕심이 사라 져서 마음이 맑아지고, 맑아지면 불도를 잘 닦을 수 있습니다. 그래서 부처님께서는 인생에 대한 뒤바뀐 소견부터 버릴 것을 강조하셨고, '무상·고·무아·부정'을 철저하게 긍정하는 정견의 수행법을 팔정도의 제일 앞에 두신 것입니다.

중도를 이루어 해탈하고자 한다면 팔정도를 닦아야 하고, 팔정도를 잘 닦으려면 첫 번째의 정견正見을 잘 갖추어야 합니 다. 곧 믿음이 바로 서야 하는 것입니다. 세계와 인생의 실상 을 꿰뚫어 보는 정견을 이루는 것! 이것이 부처님의 자리로 나 아가는 첫걸음인 것입니다.

이제 팔정도의 나머지 일곱 가지에 대해 간략히 살펴봅시 다.

② 정사正思 : 정사는 달리 정사유正思惟라고 합니다. '잘 생각하라'는 것입니다. 무엇을 잘 생각하는 것인가? 한마디 로 '상구보리上求菩提 하화중생下化衆生'을 생각해야 합니다.

상구보리는 내적으로 자기의 향상을 추구하는 것입니다. 그러므로 자기 향상을 이루기 위해서는 언제나 도 닦을 마음을 발하여야 하고, 도에서 벗어난 생각이 일어나면 스스로 지워버릴 줄 알아야 합니다. 세속에서라면 탐심과 분노심에 휩쓸리지 않고 항상 자기가 처한 위치에서 바르게 생각하고 뜻을 바르게 가져야 합니다.

나아가 하화중생을 위해서는 무엇보다 자비심을 일으켜야 합니다. 언제나 부드럽고[柔] 평화롭고[和] 착하고[善] 순수한 [順] 마음을 기르고 자비심을 일으키는 것이 하화중생을 위한 정사 또는 정사유인 것입니다.

③ 정어正語 : 올바른 말씨는 정사유 뒤에 생기는 바른 언어적 행위입니다. 거짓말[妄語], 나쁜 말[惡口], 이간질하는 말[兩說], 교묘하게 꾸며서 하는 말[綺語]을 하지 않고, 진실하면서도 남을 살리고 서로를 융화시키는 유익한 말을 하는 것을 가리킵니다.

④ 정업正業 : '올바른 행위'로 번역되는 정업은 정사유 뒤에 생기는 바른 신체적 행위입니다. 곧 생각이 올바른 사람은 행동도 올바로 하게 됩니다. 어찌 살생·도둑질·사음邪淫 등의 그릇된 행동과 벗하겠습니까? 오히려 생명을 보호하고 베풀 줄 알며 이 세상을 맑히는 선행을 적극적으로 실천할 수 있습니다. 물론 가장 이상적인 행위는 나와 남을 함께 살리는 일입니다.

⑤ 정명正命 : 정명은 올바른 생명 유지의 태도, 곧 올바른 생활 태도에 대한 가르침입니다. 좁게는 바른 직업을 택하여 바르게 생활하는 것을 말하지만, 넓게 보면 규칙적인 일상생활까지 모두 포함됩니다. 수면·식사·업무·운동·휴식 등에 있어 규칙적인 생활을 함으로써 건강의 증진과 일의 능률 향상을 도모할 뿐 아니라, 경제생활과 가정생활도 건전하게 이끌어 갈 수가 있는 것입니다.

⑥ 정정진正精進 : 정정진은 올바른 노력, 곧 올바른 것을 행하면서 나아가는 것입니다. 무엇을 향해 나아가는가? 깨달음을 향해, 중도를 향해 나아갑니다. 바르게 생각하고 바르게 말하고 바르게 행동하고 바르게 생활하기 위해 끊임없이 노력하는 것입니다.

⑦ 정념正念 : 팔정도 중에서 글자풀이를 하기에 가장 어려운 것이 이 정념입니다. 염이 바로 '생각 念'이기 때문에 흔히들 두 번째의 정사正思와 혼돈하여 해석합니다. 그러나 정념의 '念'은 단순한 생각이 아닙니다. 일념一念의 '念'입니다. 자신의 이상과 목적을 언제나 잊지 않고 사는 것입니다. 바른 신념, 스스로의 마음을 하나로 모으며 일념으로 살아갈 때 깨달음은 스스로 다가섭니다.

⑧ 정정正定 : 올바른 선정으로 풀이되는 정정은 결국 정정진과 정념의 결과로 나타나는 것입니다. 부지런히 노력하여 마음을 하나로 모을 수 있게 되면 삼매 속에 빠져들어 한없이

고요한 경지에 들어가게 됩니다. 고요한 경지에 들어가면 마음이 저절로 맑아지고, 맑아지면 밝아져서 지혜의 광명을 뿜어내게 됩니다. 이것이 해탈이요 중도의 경지입니다.

팔정도, 곧 중도는 쾌락과 고행의 가운데 길이 아닙니다. 우리의 마음이 한없이 고요해질 때 머물러 있게 되는 길, 모든 가식을 벗어버릴 때 저절로 나타나는 길이 중도中道인 것입니다.

사제四諦의 법문

이상과 같은 중도와 팔정도의 법문에 이어서 부처님께서는 사제四諦의 법문을 설하셨습니다.

사제는 글자의 뜻 그대로 '네 가지 변할 수 없는 진리'라는 말이며, 그것이 매우 성스러운 진리라고 하여 '사성제四聖諦'라고 표현하기도 합니다. 이 사제는 괴로움[苦諦]과 괴로움의 원인[苦集諦], 괴로움을 없앤 상태[苦滅諦]와 괴로움을 없앨 수 있는 길[苦滅道諦]의 넷으로 이루어져 있습니다. 부처님은 이 넷을 차례로 말씀하십니다.

"수행자들이여, 고제苦諦가 무엇인가? 중생의 삶은 고苦 그 자체라는 것이다. 태어나는 것이 고요[生苦], 늙는 것이 고요[老苦], 병드는 것이 고요[病苦], 죽는 것이 고이니라[死苦]. 미운 이와 만나는 것이 고요[怨憎會苦], 사랑하는 이와 헤어지는 것이 고요[愛別離苦], 구하는 것을 얻지 못하는 것도 고이다[求不得苦]. 통틀어 정신과 육체로 이루어진 이 삶 자체가 고인 것이다[五陰盛苦]."

부처님께서는 무엇보다 먼저 인생 자체가 '고'라는 사실을 분명히 알아야 함을 강조하신 다음, 고의 원인이 무엇인가를 설파하셨습니다.

"수행자들이여, 괴로움을 불러일으키는 근본 원인, 곧 고집제苦集諦가 무엇인가? 모든 괴로움은 무명無明에서부터 비롯되느니라. 무명으로 말미암아 '나'라는 생각[我相]이 생기고, 그 아상이 탐貪·진瞋·치癡의 행업行業을 지음에 따라 나고 죽는 끝없는 흐름에 들어가게 되는 것이다."

"수행자들이여, 고멸제苦滅諦란 무엇인가? 고의 원인이 되는 무명·행업 등을 모두 끊어버리고, 고에서 완전히 벗어나 해탈을 이루는 것이다."

불교에서는 이 고멸제를 달리 열반 또는 정각이라고 합니다. 그럼 어떻게 할 때 고를 완전히 멸할 수 있는가? 고멸도제를 닦아야 합니다.

> "고멸도제苦滅道諦라 함은 고를 멸한 해탈에 이르는 길이니,
> 그 길은 곧 팔정도八正道이니라."

결국 부처님께서는 인간 고를 근원적으로 극복하는 방법이 팔정도임을 밝히고 팔정도를 닦을 것을 강조하셨습니다. 팔정도를 닦아야 고의 원인을 제거하여 고가 없는 중도의 삶, 해탈의 경지에 이를 수 있다는 것입니다.

이와 같은 부처님의 설법을 듣고 깨달음을 얻은 다섯 수행자는 부처님께 제자로 삼아 줄 것을 간청하였고, 부처님께서는 기꺼이 그들을 제자로 받아들인 다음 선언했습니다.

"너희들은 나와 더불어 이 세간의 첫 번째 복전福田이 된 것이다. 이제 불佛과 법法과 승僧의 삼보三寶는 명실공히 갖추어졌다. 너희들은 사제와 팔정도의 교법을 천하에 펼쳐, 사람들로 하여금 해탈토록 할 것이니라."

이렇게 하여 불·법·승 삼보를 갖춘 불교가 이 사바세계에 모습을 드러내게 된 것입니다.

6. 불교 교단의 확립

야사의 출가

최초의 법문 이후, 부처님께서는 녹야원에 계속 머무르면서 다섯 비구들을 지도하는 한편 거리로 나가 탁발을 하며 생활했습니다.

그 무렵 바라나시의 거리에는 야샤耶舍라는 청년이 살고 있었습니다. 그는 대부호의 아들로, 아내를 비롯한 수많은 시녀들에게 둘러싸여 날마다 애욕의 생활 속에 빠져 있었습니다.

어느 날 밤, 여인들과의 쾌락을 즐기던 야사는 그 자리에 쓰러진 채 잠이 들었고, 지친 여인들도 모두 잠들고 말았습니다. 한밤중이 되어 야사는 문득 눈을 떴습니다. 어떤 여인은 비파를 옆에 낀 채 침을 흘리며 자고 있었고, 어떤 여인은 다리를 다른 여인의 배 위에 걸친 채 잠꼬대를 하고 있었습니다. 머리를 산발한 채 흐트러진 자세로 잠을 자는 여인들…. 그 모습은 깨어 있을 때의 곱고 아름다운 자태와는 전혀 다른 것이었습니다. 마치 눈앞에 묘지를 보는 것 같은 심한 혐오감과 허무감에 사로잡힌 야사는 소리쳤습니다.

"아아, 괴롭다. 싫다. 한심스럽다."

야사는 문을 박차고 거리로 뛰쳐나갔습니다.

"아, 괴롭다. 싫다. 한심스럽다."

야사는 끊임없이 이 말을 되풀이하며 정처 없이 발걸음을 옮겼고, 먼동이 틀 무렵에는 녹야원에 이르러 있었습니다. 부처님은 언제나처럼 아침 일찍 일어나 사슴의 동산인 녹야원을 거닐다가, '괴롭다. 싫다. 한심스럽다'를 되풀이하여 외치는 야사를 보고 말했습니다.

"이곳에는 괴로운 것도 싫은 것도 한심스러운 것도 없다. 젊은이여, 여기 앉아라. 그대를 위해 법을 설하여 주마."

부처님의 평화스러운 모습에 마음이 끌린 야사는 자신도 모르게 무릎을 꿇고 예배를 드린 다음 자리에 앉았습니다.

"야사야, 모든 것은 시시각각 변화한다. 끊임없이 변화하므로 덧없는 것이요, 덧없으므로 괴로운 것이다. 그대 또한 마찬가지이다. 육체는 자꾸만 늙어가고 생각은 끊임없이 변화하기 마련이다. 진실로 불변의 '나我'라고 내세울 만한 것은 찾을 수가 없다. 그러나 사람들은 현실의 '나'에 집착하여 덧없음을 보지 못하고 괴로움으로부터도 벗어나려 하지 않는다. 다행히 네가 오늘 인생의 덧없는 모습을 깨달았으니, 이 얼마나 기특한 일이냐."

부처님의 말씀에 깊이 공감하는 야사를 향한 설법은 계속 이어졌습니다.

"야사야, 너는 과거에 쌓은 선업善業으로 말미암아 부유한 집에 태어났고 많은 재산을 향유하고 있다. 그러나 복이 다하면 화禍가 찾아드는 법! 지혜로운 이라면 복이 있을 때 복을 가꿀 줄 알아야 한다.

야사야, 부유한 사람들은 자신의 행복을 위해 돈을 쓴다. 하지만 돈으로 자신을 가꾼다고 하여 참된 행복이 다가오는 것은 아니다. 오히려 '나' 자신이 아니라 남을 위해 베풀 때 행복은 나의 것이 되고 복이 쌓이게 된다.

야사야, 진정으로 행복해지기를 바란다면 무엇보다 먼저 베풀 줄 알아야 한다. 그리고 육체의 쾌락을 찾아 문란한 생활을 할 것이 아니라, 남녀 사이에 마땅히 지켜야 할 선을 잘 지키며 살아야 한다. 이렇게 능히 베풀고 지킬 것을 능히 지키면 다음 세상에는 하늘나라에 태어나 더 큰 행복을 누릴 수 있게 되느니라."

이 설법의 주된 내용은 베풀고[施] 지키고[戒] 하늘나라에 태어나는 것[生天]입니다. 이 가르침은 당시의 인도 민중들 사이에 널리 신봉되고 있던 사상으로, 부처님께서는 사람들을 불교 속으로 이끌어 들이기 위해 처음부터 난해한 교리를 설하기 보다는 일반적인 도덕론을 바탕으로 삼아 알기 쉽게 설법하였던 것입니다.

이어서 부처님께서는 보시를 행함으로써 얻어지는 갖가지 공덕과 '나'를 집착하는 데서 생겨나는 어리석음에 대해 설하였습니다.

부처님과 이야기 하는 사이에 야사는 마음의 안정을 되찾았을 뿐 아니라, 지금까지 몰랐던 진리의 세계에 눈을 뜨기 시작하였고, 진정한 해방감을 만끽했습니다.

"자, 이제 집으로 돌아가거라. 부모님이 무척 근심하고 계실 것이다."

하지만 야사는 부처님께 '출가를 허락하여 제자로 삼아줄 것'을 간청하였습니다.

"야사야, 아름다운 옷을 입고 집에 있다 할지라도 오욕(五欲 : 재물욕 · 식욕 · 색욕 · 명예욕 · 수면욕)을 떠나면 그것이 곧 출가出家이니라. 아무리 집을 떠나 산에 산다하여도 오욕에 이끌리면 그것은 참된 출가가 아닌 것이다. 중요한 것은 너의 마음가짐이요 너의 생활태도이다. 집으로 돌아가는 것이 좋을 것이다."

야사는 자기가 입고 있는 아름답고 화사한 옷 때문에 부처님께서 자신의 출가를 거절하는 것으로 추측하고 화려한 옷을 즉시 승복으로 바꾸어 입었습니다. 이에 부처님께서는 불 · 법 · 승 삼보에 귀의할 것을 스스로 다짐하는 삼귀의계三歸依戒를 주고 제자로 삼았습니다. 그리고 인생고人生苦의 원인이 무엇이며 괴로움에서 벗어나는 길이 무엇인가를 밝힌 사제와 팔정도의 가르침을 설하자, 야사는 곧 깨달음을 얻어 아라한이 되었습니다. 초전법륜을 듣고 도를 깨달은 다섯 비구에 이어 여섯 번째의 아라한이 탄생한 것입니다.

최초의 우바새 · 우바이

한편, 야사가 없어진 것을 알게 된 온 집안은 발칵 뒤집혔습니다. 아버지 구리가 장자는 많은 사람을 풀어 야사를 찾게 하였고, 자신도 아들을 찾아 나섰습니다. 마침내 장자의 일행이 녹야원에 이르렀을 때, 부처님께서는 야사를 숨어 있게 한 다음 구리가 장자를 맞이하였습니다.

"스승이시여, 나의 아들을 보지 못했습니까?"

아들 야사의 모습을 설명하며 어쩔 줄 모르는 장자에게 부처님은 차분한 음성으로 말했습니다.

"그렇게 서두르지 마십시오. 여기 있다면 곧 모습을 드러내겠지요."

"스승께서는 결코 거짓말을 하지 않으리라 믿습니다."

구리가 장자는 인사를 하며 부처님 옆에 앉았고, 부처님께서는 여러 가지 법문을 설하였습니다. 보시布施와 지계持戒의 중요성, 허무한 인생살이에 대한 법문을 듣고 장자는 매우 감동하였습니다. 재산이 아무리 많아도 거기에 인생을 의지할 수 없다는 사실, 죽음의 순간에는 자신의 지은 업業밖에 가져 갈 것이 없다는 것을 알았습니다. 부처님은 그러한 장자를 보고 비로소 승려의 모습을 한 아들을 만나게 하였습니다.

야사가 자살이라도 하지 않았을까 걱정을 하고 있었던 아버지는 살아 있는 아들의 모습을 보며 기뻐하였고, 아들의 출가도 기꺼이 응락했습니다. 그리고 부처님과 여섯 제자에게 공양을 올리고 싶으니 집으로 방문해 줄 것을 청했습니다. 부처님께서는 쾌히 승낙하였고, 구리가 장자는 그 자리에서 불·법·승 삼보에 귀의하였습니다. 출가를 하지 않은 최초의 재가제자 우바새(優婆塞, 남자신도)가 된 것입니다.

다음날, 부처님은 구리가 장자의 집으로 가서 공양을 받고 사람들을 위하여 법을 설하였는데, 그 설법을 듣고 야사의 어머니가 불교에 귀의했습니다.

"오늘부터 목숨이 다할 때까지 불·법·승 삼보에 귀의하겠습니다."

이렇게 하여 최초의 여자신도인 우바이優婆夷가 생겨나게 되었습니다.

아울러 야사의 출가는 바라나시 상류 가정의 자제들에게 커다란 충격을 주었습니다. 야사의 친구 네 사람과 뒤이어 50명의 젊은이들이 집단으로 출가하여 모두 깨달음을 얻었습니다. 마침내 불교 교단의 아라한은 60명에 이르렀고, 부처님은 제자들을 향해 선언하였습니다.

"비구들이여, 너희들은 이미 정법을 듣고 해탈을 얻어 여러 가지 고뇌에서 벗어날 수 있게 되었다. 그러나 중생들은 아직도 괴로움 속에 빠져 있다. 너희들은 지금부터 그들을 구하지 않으면 안 된다.

비구들이여, 교화의 길을 떠나라. 중생의 이익을 위해, 안락을 위해, 자비를 베풀기 위해 길을 떠나라. 같은 길을 두 사람이 함께 가서는 안 된다.

비구들이여, 처음도 좋고 중간도 좋고 끝도 좋은 법, 내용과 이론이 갖추어진 법을 설하면서 평온하고 청정한 수행생활을 보여 주어라. 세상에는 때가 덜 묻은 사람들이 있다. 그들은 법을 듣지 못하면 퇴보하지만, 들으면 법을 능히 깨달을 수 있을 것이다."

이렇게 하여 부처님과 60명의 아라한은 각기 갈 곳을 정하여 포교의 길로 나섰습니다.

어느 일이 더 중한가

녹야원鹿野苑을 떠난 부처님께서는 다시 갠지즈강을 건너 마가다국으로 교화의 발걸음을 옮겼습니다. 도중에 부처님은 밀림 속으로 들어가 큰 나무 아래에서 좌선을 하셨고, 마침 이 고장의 상류층 젊은이 서른 명이 그 숲으로 놀러 왔습니다. 저마다 아내를 데리고 왔지만, 결혼을 하지 않은 한 젊은이만은 기생을 데려올 수밖에 없었습니다.

그런데 그 기생이 문제를 일으켰습니다. 다들 놀이에 정신이 팔려 있을 때 여러 사람의 옷가지와 패물들을 훔쳐 도망쳐 버린 것입니다. 뒤늦게 이 사실을 안 젊은이들은 기생을 찾기 위해 숲속을 뒤졌고, 마침내 부처님이 좌선을 하고 있는 장소에 이르렀습니다. 그들은 부처님께 여쭈었습니다.

"화장을 짙게 하고 옷가지와 패물을 들고 가는 여자를 보지 못하셨습니까?"

"젊은이들이여, 왜 그 여인을 찾는가?"

젊은이들이 자초지종을 아뢰자 부처님은 그들을 돌아보며 말했습니다.

"젊은이들이여, 여자를 찾는 일과 자신을 찾는 일 중에서 어느 쪽이 더 급한가? 여자를 찾는 일과 자기 자신을 찾는 일 중에서 어느 것이 더 중한가?"

젊은이들은 부처님의 한마디 말씀이 그렇게 크게 들릴 수가 없었습니다.

"자기를 찾는 일이 더 급하고, 자기를 찾는 일이 더 중요합니다."

"좋다. 그렇다면 거기들 앉아라."

젊은이들이 예배를 하고 자리에 앉자 부처님께서는 참된 자기를 찾는 법과 진정으로 자기를 사랑하는 방법을 일러 주었고, 설법을 들은 서른 명의 젊은이들은 그 자리에서 모두 출가하여 제자가 되었습니다.

§

이처럼 무엇보다 급한 일은 나를 찾는 일이요, 나를 사랑하는 일입니다. 그리고 불교는 모든 중생에게 가장 소중한 '나'를 찾도록 가르쳐 주는 종교이고, '나'를 올바르게 사랑하는 방법을 가르쳐 주는 종교입니다. 또한 불교의 자비는 '나'를 올바르게 사랑할 줄 모르는 사람을 올바로 사랑할 수 있도록 이끌어가는 행위입니다.

이 세상에서 가장 소중하고 절대적인 존재는 '나' 입니다. 이 세상에서 가장 사랑하는 사람도 '나' 입니다. 배우자도, 자식도, 부모도 부처님도 '나' 다음입니다. 오히려 '나'를 너무 사랑한 나머지 부모에게 연인에게, 부처님께 까지도 '나'를 가장 사랑해줄 것을 요구합니다.

'나' 보다 더 소중한 것은 무엇인가? 해답은 '없다' 입니다. 그러기에 우리는 '나'를 가장 사랑할 수밖에 없는 것입니다.

그렇다면 사랑이란 무엇인가? 사랑은 살리는 것입니다. '나'를 진정으로 사랑한다면 스스로를 올바로 깨우치고 살려가야 합니다. 나아가 나를 올바로 살리고 살려가기 위해서는 참된 '나'를 찾아야 하고, 참된 '나'를 찾기 위해서는 스스로를 맑혀가야 합니다.

그러나 중생은 그러하지 못합니다. 중생의 '나'에 대한 사랑은 곧 나에 대한 집착이며, 집착은 순順과 역逆을 수반합니다. '나'에게 맞으면 탐貪하고, '나'에게 맞지 않으면 시기하고 질투하고 배척하고 분노합니다. '나'라는 집착의 울타리를 쳐서 스스로 갇히고, '내 사랑'의 고무풍선을 불며 불며 풍선이 터질 그날까지 무엇인가를 잊고 살아갑니다. '어리석은 나'의 굴레에 빠져 헤어날 줄 모르는 자가 중생인 것입니다.

이러한 우리들을 향해 부처님께서는 '어리석은 나의 굴레에서 벗어나라'고 하셨습니다. 모든 이기적인 생각을 비우고 '참된 나의 길을 돌아보라'고 하셨습니다. '참으로 중요하고 참으로 급한 것이 무엇인지를 스스로에게 물어 보라'고 하셨습니다.

이제 내면에서 우러나오는 솔직한 음성에 귀를 기울여 보십시오.

고상한 것이 아니라도 좋습니다. 대단한 것이 아니라도 좋습니다. 잘 생각하여 스스로의 진실을 체험하는 일이면 기꺼이 실천에 옮겨 보십시오. 틀림없이 '나'를 향상向上의 길로 나아가게 할 것입니다.

가섭 삼형제와 1천 제자의 귀의

마가다국에서 30명의 청년을 제도한 다음, 부처님께서는 니련선하尼連禪河 주위에 살고 있는 가섭迦葉 3형제를 교화하기 위해 다시 마가다국으로 향했습니다.

가섭 3형제는 당시 마가다국에서 가장 명성이 높은 종교가로서, 120세가 넘은 맏형 우루빌라 가섭은 5백 명의 제자를, 둘째 나디 가섭은 3백 명, 백세가 넘은 막내인 가야 가섭은 2백 명의 제자를 거느리고 있었습니다.

이들 3형제는 바라문의 집안에서 태어나서 출가한 고행승苦行僧으로, 머리에는 나게螺髻라고 하는 커다란 상투를 틀고 있었습니다. 그들은 바라문의 전통에 따라 성전聖典 『베다』를 항상 독송하고 성스러운 불이 꺼지지 않도록 지켰으며, 담을 쌓아 호마목護摩木를 사르면서 화신火神인 '아그니'에게 제사를 지내는 것을 중요한 임무로 삼고 있었습니다.

부처님께서는 먼저 맏형인 우루빌라 가섭을 찾아가 하룻밤을 자고 가겠다고 했습니다. 그것도 신성한 불을 보관하고 있는 화당火堂에서 자게 해달라고 청했던 것입니다.

"저 화당에는 무서운 용이 살고 있소. 그만 두는 것이 좋을 것이오."

여기에서의 용은 큰 뱀을 가리킵니다. 특히 불가사의한 마력을 지닌 뱀을 인도인들은 용이라 불렀습니다.

"용이 있어도 상관없습니다. 그곳에서 자게 해주십시오."

부처님께서 거듭 청하자 우루빌라 가섭은 마지못해 승낙하였습니다. 부처님께서 화당으로 들어가 평소처럼 풀방석을 깔고 앉자, 용은 노하여 독연기를 내뿜었습니다.

'이 용의 몸에 상처는 주지 말고 신통력만 없애버리자.'

이렇게 생각한 부처님께서 신통력으로 해독의 연기를 내뿜자, 용은 점점 노하여 불꽃을 토하기 시작했습니다. 이에 부처님께서는 화광삼매火光三昧에 들어 찬란한 불꽃을 토하였으며, 그 삼매의 위력 앞에 용은 신통력을 잃어 잠잠해졌습니다.

이튿날 아침, 부처님은 신통력을 잃어버린 용을 바리때에 담아 가섭에게 내보이며 '이것이 당신의 용' 이라고 하자, 가섭은 내심 탄복했습니다. 그러나 우루빌라 가섭은 자신만이 성자요, 부처님은 성자가 아닐 것이라 생각했습니다. 부처님은 그의 속마음을 꿰뚫어 보면서도 모르는 척 다시 청했습니다.

"이곳에서 당분간 수행하고자 합니다."

우루빌라 가섭은 부처님께서 그를 존경하여 머물고자 한다고 여겨 기꺼이 수락했습니다. 며칠 후, 그곳에서는 불의 신에게 올리는 제사가 있어 인근의 수많은 사람들이 모여 들었습니다. 우루빌라 가섭은 은근히 걱정되었습니다.

'저 수행승이 여러 사람들 앞에서 신통력을 발휘하면 내 위신은 크게 떨어지고 말 것이다. 제발 제사에는 참석하지 않았으면 좋겠는데….'

부처님은 그 생각을 미리 알아차리고 웃타라쿠르라는 세계로 날아가 제사가 끝날 때까지 돌아오지 않았습니다. 그 다음 날 우루빌라 가섭은 부처님께 물었습니다.

"어제 제사에 참여하지 않고 어디에 가 있었소?"

"당신은 내가 이곳에 없기를 바라지 않았습니까?"

"천만에요. 그럴 리가 있습니까?"

부처님은 마침내 시기가 온 것을 알고 말했습니다.

"우루빌라 존자여, 그대는 성자의 경지에 이르지도 않았고 깨닫지도 못하였소. 당신은 비록 훌륭하지만 아직 질투심마저도 떨쳐버리지 못하였소. 불을 섬기고 받들기 전에 당신 속에서 일어나고 있는 번뇌의 불길을 꺼버리지 못한다면 결코 깨달음을 얻지 못할 것이오."

"참으로 당신의 말씀이 옳습니다. 젊은 당신이 나보다 뛰어난 것을 알면서도 그것을 인정하기가 싫었습니다. 나는 진리에 충실하지 못한 사람이 되고 말았습니다. 부디 나를 당신의 제자로 삼아 마음속의 마지막 티끌까지 없앨 수 있도록 해주십시오."

"존자여, 참으로 훌륭합니다. 그러나 그대는 5백 명이나 되는 바라문 수행자의 지도자입니다. 먼저 제자들과 의논하여 그들이 제 갈 길을 선택하도록 하는 것이 좋을 것입니다."

우루빌라 가섭은 제자들을 불러 모아 선언했습니다.

"나는 이제야 눈을 떴다. 나는 마침내 가장 위대한 성자이신 부처님을 만날 수 있게 되었다. 이제부터 나는 부처님의 제자가 되어 최후의 무명無明을 벗고 진실한 열반에 드는 몸이 되고 싶다. 나는 비로소 불을 숭상하여도 마음이 더럽혀져 있으면 아무 것도 이루지 못함을 알았다. 나와 함께 부처님의 제자가 되어 정법에 귀의할 자는 여기에 남고, 그렇지 않은 자는 갈 길을 떠나라. 스스로의 현명한 선택에 따라…."

5백 명의 제자들은 이미 부처님의 가르침에 감명을 받고 있었기 때문에 하나같이 부처님의 제자가 되고자 하였습니다. 그들은 불의 신에게 제사를 올릴 때 사용하는 용구들을 모두 니련선하 강물 속에 던져 버리고 삭발을 한 다음, 부처님의 발에 머리를 발에 대고 예배하였습니다.

"원컨대 부처님이시여, 저희의 귀의歸依를 받아들여 법을 설하여 주옵소서."

"잘 왔도다[善來], 비구여. 법은 잘 설하여져 있다. 오늘부터 참된 해탈을 위해 바르고 청정한 수행을 하는 것이 좋을 것이다.”

'선래 비구여!' 불교 계율이 확립되기 이전의 부처님 초기 전법시기에는 이 한마디로써 제자를 삼는 기준을 삼았습니다. 그만큼 부처님께서는 지혜의 눈이 뛰어난 분이셨기 때문에 격식 없이 이 한마디의 말로 제자들을 거두어 들였던 것입니다.

한편, 맏형인 우루빌라 가섭과 5백 명의 제자들이 니련선하 강물에 던져버린 물건들이 상류로부터 떠내려 오는 것을 본 나디 가섭과 가야 가섭은 깜짝 놀라 제자들을 거느리고 허겁지겁 달려갔습니다. 맏형과 맏형의 제자들은 이미 머리를 깎고 가사를 걸친 사문이 되어 있었습니다. 나디 가섭과 가야 가섭은 형에게 물었습니다.

“저희들도 이렇게 하는 것이 좋겠습니까?”

“이렇게 하는 것이 좋다.”

맏형을 지극히 존경했던 두 아우는 잘라 말하는 형의 한마디에 제자들과 함께 부처님께 귀의하였습니다. 이로써 부처님께서는 가섭 삼형제와 1천명에 이르는 제자를 한꺼번에 맞이하게 되었습니다.

타오르는 불의 법문

부처님께서는 새로 얻은 1천명의 제자를 거느리고 마가다국의 수도인 왕사성王舍城으로 향하다가 가야산伽耶山에 이르러 '타오르는 불의 법문'을 설하셨습니다. 불을 신봉하던 1천 제자들에게 불의 실체를 보여준 매우 유명한 법문입니다.

"비구들이여, 모든 것이 불타고 있다. 눈이 불타고 있다. 눈에 비치는 형상이 불타고 있다. 형상을 받아들이는 마음도 불타고 있다. 어떤 불에 의해 타고 있는가? 탐욕[貪]의 불, 분노[瞋]의 불, 어리석음[癡]의 불에 의해 타고 있다.

비구들이여, 이와 같은 불길들은 왜 일어나는가? '나' 스스로가 일으킨 망상이 부싯돌이 되고 불씨가 되어 어리석음의 검은 연기를 피워 올리고 탐욕과 분노의 불길을 일으키기 때문이다. 이 불길은 점점 세차게 타올라 '나'와 중생을 집어 삼키고, '나'와 중생을 태우게 되느니라. 중생들은 모두 탐욕과 분노와 어리석음이라는 세 가지 독[三毒]의 거센 불길로 인해 나고 늙고 병들어 죽는 세계를 윤회하게 되고, 근심과 슬픔과 고통과 번민 속에서 헤어나지 못하게 되느니라.

비구들이여, 탐욕과 분노와 어리석음의 세 가지 불길이 거세게 타오르는 것은 오직 '나'에 대한 애착 때문이니, 세 가지 불을 멸滅하고자 한다면 무엇보다 먼저 '나'에 대한 애착을 끊어버려야 한다. 나에 대한 애착을 끊을 수 있게 되면 세 가지 불길은 스스로 꺼지고, 윤회의 수레바퀴는 저절로 멈추며, 모든 괴로움은 자취 없이 사라지게 되느니라.

　이제까지 너희는 이 세 가지 불을 섬겼으나 지금 이것을 버렸다. 하지만 삼독의 불길은 아직도 너희들 안에서 타고 있다. 이것을 빨리 멸하지 않으면 안 된다. 주의 깊게 닦아야 한다. 주의 깊게 닦아야 한다."

႙

　우리는 한평생을 탐욕과 분노와 어리석음의 불로 태우고 있습니다. 하지만 지금부터는 바꾸어야 합니다. 진리의 불, 일심의 불을 일으켜 내 속에 있는 참된 보배를 발현시켜야 합니다.

　내 속에 있는 진정한 보배! 그것은 물론 불성佛性입니다. 불성을 온전히 발현시킬 때 우리는 부처가 되기 때문입니다. 하지만 꼭 '불성'이 아니라도 좋습니다. 우리들 각자에게는 이익과 명예와 욕심을 떠난 마음 가장 깊은 곳에서부터 우러나와 의미를 부여하고 싶은 그 무엇이 있을 것입니다. 진정으로 보배롭게 생각할 수 있고 자신을 불태울 수 있는 것이 있을 것입니다. 그것이 보배입니다.

　보배를 찾는 불은 우리를 행복하게 만들어 줍니다. 그 불만이 참으로 우리를 살릴 수 있습니다. 내 속의 보물! 그것을 찾아 갈고 닦으면서 사는 이는 이미 중생이 아닙니다. 그는 흐름을 따라 표류하는 무명無明의 종자가 이미 아닙니다. 자기 속의 보배를 찾아 기꺼이 노력하는 사람이야말로, 삼독을 잠재우고 자아혁명의 길을 걷는 진정한 구도자요 보살입니다.

완전히 태웁시다. 완전히 탑시다. 연기 나는 모닥불이나 타다 말아 그을음진 장작이 되어서는 안 됩니다. 연기 없이 스스로를 철두철미하게 연소시켜 뽀얀 재만을 남겨야 합니다.

잿빛 재는 장작으로 돌아오지 않습니다. 재는 재일뿐입니다. 재는 완전히 재가 되어야 합니다.

우리 속에 있는 참된 보배, 그 보배를 찾아 올바로 발현시키기를 원한다면 철저히 삼매三昧의 불을 밝혀야 합니다. '나'까지 능히 태울 수 있는 삼매의 불을! 부디 잊지 마십시오. 이것이 바로 부처님께서 설하신 '타오르는 불의 법문' 뒤에 숨겨진 뜻입니다.

불의 법문을 설한 부처님은 제자들과 함께 왕사성으로 들어가 빔비사라왕에게 무아無我의 법문을 설한 다음, '나를 잊고 백성을 생각할 것'을 당부했습니다. 법문을 듣고 크게 환희심을 일으킨 대왕은 감사의 뜻으로 죽림정사竹林精舍를 건립하여 부처님께 바쳤습니다. 부처님께서는 이를 기꺼이 받아 제자들을 머무르게 하고, 불교 최초의 사찰인 죽림정사에서 첫 법회를 개최하여 다음과 같은 유명한 말씀을 남깁니다.

"보시布施는 탐욕을 없애고, 인욕忍辱은 분노를 잠재우며, 지계持戒는 어리석음에서 깨어나게 한다. 이 셋은 열반에 드는 문이다."

사리불과 목건련의 귀의

이렇게 부처님께서 새로 지은 죽림정사에 머물며 설법을 하고 있을 때 뒷날 부처님의 가장 큰 제자가 되는 사리불舍利弗과 목건련目犍連이 각기 백 명씩의 제자를 데리고 와서 귀의하였습니다.

사리불과 목건련은 부처님의 양쪽 팔과 같은 분입니다. 십대제자 중 지혜제일智慧第一인 사리불 존자와 신통제일神通第一인 목건련 존자는 마가다국의 왕사성 부근 마을에서 바라문의 아들로 태어났고, 함께 자라면서 매우 친한 친구로 지냈습니다.

어느 날 사리불과 목건련은 화려한 축제였던 산정제에 참여하였습니다. 맛있는 음식들, 흥겨운 노랫소리, 모든 사람들이 축제 분위기에 들떠 즐거워하고 있었습니다. 그 속에서 함께 즐기던 사리불은 문득 생각에 잠겼습니다.

'아, 이렇게 떠들썩하고 즐거운 행사가 끝난 다음에는 무엇

이 남게 될까?'

시간이 흐르면 아무 것도 남지 않을 것이라는 허탈한 생각이 들자 사리불은 곁에 있던 친구 목건련에게 그 생각을 이야기하였으며, 마침 목건련도 똑같은 생각을 하고 있었습니다. 둘은 '영원한 즐거움을 찾고야 말겠다'고 다짐하면서 당시의 유명한 스승 산자야를 찾아가 출가하였습니다.

스승이 가르쳐주는 것을 열심히 공부하고 수행한 두 사람은 얼마 지나지 않아 스승의 가르침을 모두 이해하고 2백명의 제자를 가르치게 되었습니다. 하지만 영원한 즐거움은 커녕 마음의 평안조차 얻을 수 없었으므로 서로 상의하였습니다.

"여기서 우리가 배울 것은 다 배웠어. 그렇다고 이것으로 공부하는 것을 끝내면 안돼."

"맞아, 어딘 가에 더 좋은 가르침이 있을 거야."

"그렇다면 우리는 서로 흩어져 다른 훌륭한 스승을 찾아보자. 훌륭한 스승을 찾게 되면 서로 연락해서 같은 길을 걷자."

하루는 사리불이 길을 가다가, 부처님의 최초 5비구 중 한 사람인 마승馬勝 비구를 만났습니다. 마승 비구는 코끼리왕이 길을 가듯 앞만 보고 갈 뿐 이리저리 돌아보지 않았으며, 돌아보더라도 사자처럼 온몸을 돌려서 보는 것이었습니다. 사리불은 마승비구의 걷는 모습을 보고 크게 느낀 바가 있어 질문을 던졌습니다.

"스님은 어떠한 분을 스승으로 모시고 있습니까?"

"나의 스승은 카필라국에서 출가한 왕자 고오타마 붓다요."

"어떤 법을 배우셨습니까?"

"모든 법은 인연을 좇아서 생겼다가 인연이 다하면 없어진다[諸法從緣生 亦從因緣滅]는 법을 배웠소."

마승 비구의 이 말 한마디에 반한 사리불은 목건련에게로 쫓아가 자초지종을 이야기하였으며, 두 사람은 그 길로 제자 2백명을 이끌고 부처님을 찾아가 귀의하였습니다.

부처님은 매우 기뻐하면서, 제자가 된 이들 두 사람을 모든 제자의 상좌(上坐, 윗자리)에 두었습니다. 이는 하루라도 일찍 교단에 들어온 자를 윗자리에 앉게 하는 전통에 어긋난 것이어서 고참 비구들이 불만을 터뜨렸지만, 부처님께서는 그들을 잘 달래어 두 사람을 윗자리에 두었다고 합니다.

마침내 부처님께서는 초전법륜을 듣고 귀의한 5비구에서부터 사리불·목건련과 그 제자의 출가에 이르기까지 총 1290명의 제자를 얻게 되었고, 불교 교단은 완전히 자리를 잡게 됩니다. 그리고 1290명의 제자들은 모두 도를 깨달아 아라한의 경지에 이르게 되는데, 우리가 날마다 외우는「예불문」에서는 이분들을 총칭하여 '천이백제대아라한千二百諸大阿羅漢'이라고 합니다.

1천2백 명이 넘는 아라한을 갖춘 불교는 이후 인도 방방곡곡으로 급속히 전파되었고, 세월의 흐름과 함께 여러 나라로 전파되어 세계의 종교로 자리를 잡게 되었습니다. '석가모니 부처님' 한 분의 큰 힘이 세계를 일깨우고 바꾸어 놓은 것입니다.

이제 중생을 교화하는 부처님의 자비로운 모습과 여러가지 가르침을 살펴봅시다.

7. 중생 교화의 원천은 대자비

복을 닦고 또 닦아라

마갈타국의 빔비사라왕은 어느날 부처님과 죽림정사에 있는 모든 스님들을 왕궁으로 청하여 공양을 올리고자 하였습니다. 하지만 그날따라 부처님께서는 공양청供養請을 받아들이지 않고 대중스님들만 다녀오도록 하셨습니다.

모두가 왕궁으로 떠나자 부처님께서는 여러 승방僧房을 두루 살피며 다니다가, 한 명의 병비구病比丘가 있는 것을 발견했습니다. 그는 배설한 똥오줌 속에 누운 채 끊임없이 신음소리를 발하고 있었습니다.

"어찌하여 이렇게 누워 있느냐? 돌보아 주는 사람이 없느냐?"

"없습니다."

"어째서 없다고 생각하느냐?"

"저의 몸이 성하였을 때, 저는 병든 동료들을 돌보아주지 않았습니다. 그래서 지금, 저를 돌보아주는 사람이 없는 듯합니다."

"너희들이 서로 돌보아 주지도 간호해 주지도 않는다면 누가 그것을 하겠느냐?"

부처님께서는 비구의 몸을 일으켜 옷을 벗기고 더러운 온몸을 깨끗이 닦아 주었습니다. 그리고 똥오줌이 묻은 옷을 빨아 말렸으며, 자리에 깔려 있던 낡은 풀들을 다 버리고 방을 깨끗이 청소하셨습니다. 또 새 풀을 뜯어다 깔고 옷을 그 위에 펼친 다음 병비구를 그 위에 편안히 눕혔으며, 다시 다른 옷으로 몸을 덮어주었습니다.

이와 같은 부처님의 간병에 병비구는 너무나 황송해하며 감격의 눈물만을 흘렸고, 때마침 공양을 마친 비구들이 죽림정사로 돌아오자 부처님께서는 설하셨습니다.

"지금 어서 가서 병든 비구를 간호하라. 병자를 간호하지 않는 것은 옳지 않다. 만약 나에게 공양하기를 원하는 이가 있거든 마땅히 병자들에게 공양하라. 병든 자를 보살핌은 곧 나를 보살피는 것이다. 이 세상의 모든 보시 가운데 이보다 더 나은 보시는 없나니, 병든 이에 대한 간병은 큰 공덕을 이루고 큰 과보를 얻어, 영광이 두루하고 감로의 법미法味를 이룩하느니라."
　　　　　　　　　　　　　　　　　　　　 - 「사분율」권 41

∮

부처님께서는 모든 비구들이 기피하였던 병비구의 오물 묻은 몸을 직접 닦아주고 옷을 빨아주고 자리를 청소해주셨습니다. 역겹고 힘든 일을 직접 행하신 것입니다.

이것이 무엇을 뜻합니까? 자비심慈悲心입니다. '나'를 비운 깊은 자비심이 있기 때문에 직접 할 수 있는 것입니다.

"병든 자를 나를 돌보듯이 하라. 병든 자를 보살핌은 곧 나를 보살핌이다."

이것이 부처님의 마음입니다. 부처님의 자비심입니다. 그 자비심이 생각만으로 그쳐서는 안 됩니다. 자비의 행으로 옮아가야 합니다. 인연 따라 자비심을 표출하여 자비행을 실천하면 무한공덕을 이루어내고, 감로의 법미, 곧 불멸의 진리를 체득하는 밑거름이 된다고 하셨습니다.

그래서 부처님께서는 자비심으로 복福을 닦을 것을 늘 권했습니다. 자비심으로 주위를 살려갈 것을 설하셨으며, 작은 일에서부터 그 일을 앞장서서 실천하셨던 것입니다. 이와 관련된 한 편의 이야기를 더 살펴봅시다.

✿

천안제일天眼第一 아나율 존자는 부처님의 숙부인 곡반왕斛飯王의 아들로 태어났습니다. 어려서부터 성격이 착하고 활달하였으며, 매우 총명하였을 뿐 아니라 음악·기예技藝·그림

그리기 등의 재주에도 뛰어났습니다.

　그런데 아나율에게는 한번 잠이 들면 잘 깨어나지 못하는 흠이 있었습니다. 그래서 출가한 다음, 늘 부처님의 꾸중을 들어왔습니다. 한번은 부처님의 설법을 듣던 도중 졸고 말았습니다. 부처님께서는 아나율을 불러 조용하면서도 호된 꾸지람을 하였고, 이에 아나율은 용맹심을 일으켰습니다.

　"생사의 고뇌를 벗어나고자 출가한 내가 깊은 잠으로 인해 남들보다 수행에서 뒤떨어질 수는 없다. 도를 이루기 전에는 절대로 자지 않으리라."

　분발한 아나율은 눈이 감겨지지 않도록 양쪽 눈에 버팀대를 하고, 층암절벽 꼭대기로 가서 합장을 하고 발뒤꿈치를 든 채 정진했습니다. 버팀대를 하였기 때문에 눈은 하루도 못가 뻑뻑해졌고, 시간이 지나자 눈물이 흐르고 진물이 나다가 결국에는 피고름이 나오는 것이었습니다. 부처님께서 타일렀습니다.

　"적절히 잠을 자면서 정진하라."

　그러나 아나율 존자는 계속 정진했습니다. 다시 부처님께서는 의성醫聖 기바를 보내 치료하도록 했습니다.

　"잠깐만 주무시면 약을 발라 눈을 낫도록 해드리겠습니다."

　"방해하지 마시오."

　이윽고 7일이 되자 눈이 물러 빠져서 아나율 존자는 장님이 되었습니다. 그런데 바로 그 순간, 아나율존자는 낙견조명금

강삼매樂見照明金剛三昧에 들어 천안통을 얻었고, 삼천대천세계를 손바닥 위의 구슬을 보듯이 했다는 천안제일의 존자가 된 것입니다.

하지만 일상생활 속의 불편은 이루 헤아릴 수 없었습니다. 갑자기 앞이 보이지 않았으므로 밥을 먹고 옷을 입는 일로부터 걷고 씻는 일에까지 어려움이 뒤따랐지만, 무엇보다도 바느질을 할 때가 가장 힘이 들었습니다. 그때마다 존자는 사람이 지나가는 소리가 날 때를 기다려 부탁을 했습니다.

"나를 도와 복을 지으십시오. 바늘귀에 실을 꿰어주십시오."

그날도 아나율존자는 해진 옷을 깁기 위해 더듬더듬 바늘과 실을 찾아서는 바늘귀에 실을 꿰고자 하였습니다. 한참동안 안간힘을 썼으나 쉽게 되지 않자 탄식을 하며 말했습니다.

"누구든 복을 지으려는 사람이 실을 꿰어주었으면 좋으련만…."

그러자 누군가가 존자의 손에서 바늘과 실을 받아 묵묵히 해진 옷을 기워주는 것이었습니다.

"잘 되었는지 보아라."

음성을 듣고 바느질을 하신 분이 부처님이라는 사실을 안 아나율존자는 황송하여 몸둘 바를 몰라 하며 여쭈었습니다.

"아! 부처님. 부처님께서는 복덕과 지혜를 완벽하게 갖추신 양족존兩足尊이신데, 다시 더 쌓아야할 복이 있으신지요?"

부처님께서는 인자하게 말씀하셨습니다.

"아나율아, 실로 이 세상의 복 있는 사람 중에 나보다 더한 이는 없다. 그러나 ①보시 ②지계 ③인욕 ④설법 ⑤중생제도 ⑥바른 법 구하기, 이 여섯 가지 복 짓는 일에는 나 또한 만족을 모르느니라. 이 세상의 힘 중에서 복의 힘[福力]이 으뜸이며, 그 복의 힘이 있어야 대도大道를 이루느니라. 그러므로 모든 수행자들은 이 여섯 가지 법을 행하여 복을 지어야 한다."

- 「증일아함경」 31

ᛟ

참으로 부처님의 깊은 자비를 느끼게 하는 일화요, 최상의 복을 남김없이 갖추신 부처님께서도 복을 짓는데 힘을 기울인다는 것을 분명히 알 수 있게 하는 이야기입니다.

부처님의 가르침을 실천하는 우리는 복 닦는 일을 결코 게을리해서는 안 됩니다. 부처님께서 분명히 천명하셨듯이, 세상의 힘 중에 복의 힘이 으뜸입니다. 복 있는 자는 누구도 당해내지 못합니다. 더욱이 부처님께서는 복의 힘이 있어야 대도를 이룰 수 있다고 하셨습니다. 뒤집어 말하면, 복력福力이 차지 않으면 대도를 이룰 수 없다는 것입니다.

그런데도 복 닦는 일은 도 닦는 일이 아니라고 주장하는 이들이 있습니다. 어찌 복을 짓는 보시·지계·인욕·설법·중생제도·바른 법 구하기의 이 여섯 가지 실천이 도 닦는 일이 아니겠습니까? 부처님께서 명쾌히 밝혀 주셨듯이 '복력福

力은 곧 도력道力'입니다. 복이 있어야 도를 이룰 수 있습니다. 복이 쌓이면 쌓일수록 빨리 도를 이룰 수가 있습니다.

부처님의 가르침과 원리가 이러하거늘 어찌 도와 복을 따로 놓고 볼 것이며, 어찌 복을 닦지 않을 것입니까? 결코 복 닦기를 게을리해서는 안 됩니다. 쉬임없이 복을 닦고 쌓아가야 합니다.

실로 대자대비하신 부처님께서는 복덕에 대한 어떠한 집착도 없이, 나아가 어떠한 중생을 위해 어떻게 베푼다는 생각 없이, 인연 따라 마냥 한결같이 베풀어 주십니다. 마치 태양처럼 평등하게 베풀어 주시는 것입니다.

무릇 우리 불자들도 부처님처럼 어떠한 집착이나 대가 없이 꾸준히 베풀고 실천하여 복덕을 쌓아가야 합니다. 그리고 필경에는 스스로가 지은 복덕을 최상의 깨달음과 중생에게로 회향廻向되도록 해야 합니다.

그럼 이러한 복과 도와 회향의 바탕은 무엇인가? 바로 자비심입니다. 이기심이 아닌 자비심을 품고 살 때 복덕을 쌓을 수 있게 되고, 그 복덕 속에서 스스로를 무량공덕장無量功德藏으로 만들 수 있게 되며, 일체중생을 행복하게 만들 수 있는 것입니다.

이를 꼭 기억하여 자비심을 기르고, 자비심으로 복을 닦고 또 닦아 대도를 이루는 부처님의 제자가 되어야 할 것입니다.

악독한 앙굴리마라

❀

불자들이 익히 알고 있는 살인마 앙굴리마라의 원래 이름은 '아힘사[不害]' 입니다. 사위성에 있는 한 바라문의 제자였던 그는 스승을 지극히 존경하여 스승의 말이면 거역할 줄 몰랐고, 스승 또한 아힘사를 각별히 아끼고 사랑하였습니다. 하지만 아힘사의 사나이다운 모습에 깊이 매료되었던 스승의 아내는 감정을 주체하지 못하다가, 스승이 집을 비운 어느 날 아힘사를 유혹하였습니다.

"스승의 아내는 어머니와 같습니다. 그런 일은 생각할 수조차 없습니다."

우직한 아힘사가 냉정히 유혹을 뿌리치자, 여인의 사랑은 증오로 바뀌었습니다. 그리고 자기의 탈선 행위가 알려질까 두려워, 입고 있던 옷을 스스로 찢고 머리를 산발한 다음 돌아온 남편에게 아힘사를 모함했습니다.

"당신이 가장 신망하고 있는 제자에게 욕을 당했어요."

노한 스승은 배신한 제자를 파멸시킬 방법을 찾은 다음 아힘사를 불렀습니다.

"너의 학문은 이제 거의 완성단계에 이르렀다. 남은 것은 비밀스럽게 전수되어 온 술법을 익히는 일뿐이다. 그 술법을 이루기 위해서는 한 가지 일을 더 해야 한다."

"그것이 무엇입니까?"

"아침 일찍 일어나 네거리로 나가서 백 사람을 죽이되, 한 사람에게서 손가락 하나씩을 잘라내어 그 손가락으로 목걸이를 만들어라. 하루 만에 백 개의 손가락을 모으면 그것으로써 수행은 완성되느니라."

말을 마친 스승은 예리한 칼을 건네주었습니다. 아힘사는 칼을 받아들고 몹시 고뇌하다가, 스승에 대한 존경과 믿음으로 마음을 단단히 다지고 거리로 나갔습니다. 그리고 상대를 가리지 않고 닥치는 대로 죽여 손가락을 모았습니다.

앙굴리마라! '앙굴리' 는 손가락, '마라' 는 목걸이라는 뜻입니다. 사람들은 그 살인귀를 '손가락을 잘라 목걸이를 만든다' 는 뜻에서 앙굴리마라라고 불렀습니다.

때마침 거리로 탁발을 나갔다가 이 공포스런 광경을 목격한 비구들이 기원정사로 돌아와 부처님께 알렸고, 부처님께서는 조금도 주저함이 없이 그를 제도하기 위해 거리로 나섰습니다.

"부처님, 그 길로 가지 마십시오. 무서운 살인마가 닥치는 대로 사람을 죽이고 있습니다. 제발 그 길로 가지 마십시오."

그러나 부처님께서는 조금도 두려워함이 없이 앙굴리마라가 있는 곳을 향해 걸어갔습니다.

한편 앙굴리마라의 어머니는 자식이 미쳐 사람을 죽인다는 말을 듣고 허둥지둥 달려갔습니다. 앙굴리마라의 전신은 검붉은 피로 물들어 있었고, 피비린내가 코를 찔렀습니다. 어머니는 주저 없이 아들 곁으로 다가갔습니다.

"아들아!"

하지만 이성을 잃은 앙굴리마라에게는 어머니가 어머니로 보이지 않았습니다. 오직 비밀술법을 이룰 수 있게 해 줄 희생물로만 보였습니다.

'이제 손가락이 하나만 더 있으면 목걸이가 완성된다.'

그가 어머니를 죽이려고 칼을 번쩍 들고 달려 나갈 때, 부처님께서 앞으로 불쑥 나섰습니다. 순간 앙굴리마라는 어머니를 제쳐두고 칼로 부처님을 치려했습니다. 그러나 몸이 오그라붙어 꼼짝할 수가 없었습니다. 앙굴리마라는 소리쳤습니다.

"멈춰라."

"나는 여기에 가만히 서 있다. 멈추지 못하는 사람은 네가 아니냐?"

이 말을 듣는 순간 앙굴리마라는 악몽에서 깨어나 제정신으로 돌아왔습니다. 그는 칼을 버리고 부처님 앞에 꿇어 엎드려 간청했습니다.

"부처님, 저의 어리석음을 용서하시고 제자로 받아주옵소서."

그는 부처님을 따라 기원정사로 가서 설법을 듣고 곧바로 아라한의 경지에 이르렀습니다.

이튿날 앙굴리마라는 바리때를 들고 거리로 밥을 빌러 나갔으며, 그에게 원한이 있던 사람들은 돌과 몽둥이를 들고 나와 그를 치고 때렸습니다. 온몸이 피투성이가 되어 겨우 기원정사로 돌아온 앙굴리마라는 부처님께 말했습니다.

"부처님, 저는 어리석은 망상에 사로잡혀 많은 사람을 죽였습니다. 그러나 부처님께서는 저를 가엾게 여기시어 칼도 몽둥이도 사용하지 않고 저의 마음을 고쳐 주셨습니다. 이제 조용히 열반에 들고자 하옵니다."

이 말을 끝으로 앙굴리마라는 열반에 들었고, 부처님께서는 말씀하셨습니다.

"나의 제자들 가운데 앙굴리마라와 같이 빨리 깨달은 자는 없느니라."

- 「앙굴리마라경」

☙

소설과도 같은 앙굴리마라 이야기. 이 이야기 속에는 우리가 꼭 새겨야 할 몇 가지 내용이 간직되어 있습니다.

첫째는 부처님의 대자비입니다.

99명의 목숨을 하루만에 앗아간 살인마 앙굴리마라! 이와 같은 극악極惡의 존재는 누구나 손가락질을 하고 외면하기 마련입니다. 하지만 부처님께서는 살인마 곁으로 다가섰습니다. 동요됨이 없는 고요한 마음으로 다가섰습니다. 그리고 이성을 잃어 심하게 요동치고 있는 앙굴리마라의 마음을 다스렸습니다.

뿐만이 아닙니다. 그를 제자로 삼아 깨달음의 세계로 이끌어들였습니다. 능지처참陵遲處斬해도 시원치 않을 살인마를 입문시키고 보호함으로써 불교교단은 지탄의 대상이 되었지만, 부처님께서는 '마땅히 제도해야 할 중생을 제도한 것일 뿐'이라며 어떠한 비난도 문제 삼지 않았습니다.

실로 앙굴리마라의 출가 직후, 파사익왕은 5백 명의 군사를 이끌고 출두하여 앙굴리마라를 잡아가려 하였으나, 부처님께서는 "출가법에 따라 출가한 사문을 세속법에 의해 심판받게 할 수 없다"며 그를 넘겨주지 않았습니다. 그야말로 국법을 넘어서는 대자비의 법으로 앙굴리마라를 제도하였던 것입니다.

둘째는 살인마요 광신자인 앙굴리마라와 부처님의 대화입니다. 이 대화는 참으로 짧습니다. 그리고 그 대화의 요지는 '멈춤'입니다.

"멈춰라."

"나는 여기에 가만히 서 있다. 멈추지 못하는 사람은 네가 아니냐?"

이 말 한마디에 앙굴리마라는 이성을 되찾았습니다. 그리고 멈추었습니다. 과연 무엇을 '멈추라'는 것인가? 탐욕[貪]과 분노[瞋]와 어리석음[癡]으로 나아가는 생각, 밖으로 밖으로 뿔뿔이 흩어지는 생각, 끊임없이 꼬리를 물고 일어나는 번뇌망상을 멈추라고 한 것입니다. 그리고 그 번뇌망상에 따라 그릇된 길로 나아가는 행위들을 멈추라고 한 것입니다.

꼭 기억해 주십시오. 복된 삶의 초점은 흔들리지 않는데 있습니다. 번뇌와 악습을 멈추는데 있습니다. 그리하여 고요한 평화로움을 잃지 않도록 해야 합니다. 내가 흔들리면 내 가족이 흔들리고 모든 것이 흔들리게 됩니다. 내가 멈추어 안정되면 내 가족은 물론이요 모든 것이 제자리에 편안히 있게 됩니다.

내가 흔들리지 않고 멈추는 것. 이것이 인생의 장애와 시련을 극복하고 '나' 와 주위를 행복하게 만드는 최상의 비결이라는 것을 꼭 명심하시기 바랍니다.

또 한 가지 앙굴리마라의 이야기를 통하여 마음에 담아야 할 교훈이 있습니다. 그것은 '도를 이루겠다' 고 하는 고상한 생각도 잘못 나아가면 그릇된 욕심이 될 수 있다는 것입니다. 어리석은 집착 속의 '신앙' 은 모두를 망치는 길이 될 수 있다는 것입니다.

앙굴리마라는 '도를 이루겠다' 는 강한 집착 때문에 스승의 턱없는 요구에 순응했습니다. 삼척동자라 할지라도 그릇되다는 것을 알 수 있는 가장 못된 짓, 곧 연쇄살인을 저지르고 말았습니다. 어리석고 그릇된 한 생각 때문에 살인마의 길 속으로 빠져들고 만 것입니다.

도는 결코 욕심으로 구할 수 있는 것이 아닙니다. 집착으로 얻을 수 있는 것이 아닙니다. 인생살이 또한 욕심이나 집착대로 이루어지는 것이 아닙니다.

진정으로 도를 구하고 값진 인생살이를 이룩하기를 원한다면 부질없는 욕망과 집착을 뚝 잘라버릴 줄 알아야 합니다. 그리고 진리, 곧 부처님의 가르침에 따라 평화로운 마음으로 인연 있는 중생들을 살리고 이롭게 하는 일에 몰두해야 합니다. 또한 그렇게 살 때 모든 허물은 스스로 녹아나고, 장애는 저절로 사라지며, 모든 매듭이 풀려 무한행복의 도가 눈앞에 펼쳐지는 것입니다.

귀자모의 회심回心

❀

부처님께서 대도국大兜國에 갔을 때입니다. 나라 안 고관대작의 부인으로 성품이 극악한 여인이 있었습니다. 그녀는 많은 자식을 낳아 기르면서도 남몰래 남의 집 어린아이를 훔쳐다 잡아먹었습니다.

그 때문에 비탄에 싸인 부모가 헤아릴 수 없이 많았지만 누구의 소행인지를 몰라 어떻게 할 수가 없었고, 어린 자녀를 둔 부모들은 공포 속의 나날을 보내야 했습니다. 어느 날 탁발을 나갔던 아난존자는 그 소문을 듣고 부처님께 전하였습니다.

"거리에 나갔더니 울고 있는 사람이 있어 그 까닭을 물었습니다. 그 사람의 대답이 '아기가 사라졌기 때문' 이라고 하였는데, 그런 집이 하나 둘이 아니랍니다."

부처님께서는 한동안 선정에 들었다가 말씀하셨습니다.

"그 여인은 보통의 인간이 아니다. 귀자모신鬼子母神의 환생이다. 남의 집 아기를 몰래 훔쳐서 잡아먹기를 좋아하는데, 이를 막기란 쉬운 일이 아니다."

"어떻게 해야 합니까?"

"그 여인의 자식 중에 막내인 빈가라嬪伽羅를 몰래 데려와 정사 안에 감추어두어라."

제자들은 귀자모가 집을 비운 틈을 타서 빈가라를 데리고 부처님이 계신 정사로 돌아왔고, 그 시각에 귀자모는 남의 집 아기를 훔쳐 집으로 향했습니다. 그런데 돌아와 보니 가장 사랑하는 막대아들이 보이지 않는 것이었습니다.

그녀는 정신이 아찔하였습니다. 잡아온 아기를 팽개치고 온 집안을 샅샅이 뒤졌으나 아들은 보이지 않았습니다. 귀자모는 미친 사람처럼 집을 뛰쳐나가 열흘 동안 밥도 먹지 않고 울면서 아들을 찾아 헤맸습니다.

"빈가라야, 빈가라야, 어디에 있느냐?"

마침내 실성을 한 귀자모는 산발한 채 거리에 주저앉아 통곡에 헛소리에 울부짖기까지 하였습니다. 그때 부처님께서 비구들을 보내 그녀에게 묻도록 했습니다.

"왜 이렇게 통곡을 하고 있습니까?"

"가장 사랑하는 아들을 잃었습니다. 어떻게 해야 찾을 수가 있을까요?"

"그렇다면 저희를 따라가 부처님을 뵈옵고 여쭈어 보십시오. 부처님께서는 과거·현재·미래의 일을 환히 아시는 분이니 답을 주실 것입니다."

비구들을 따라온 귀자모에게 부처님께서는 물었습니다.

"언제 아들이 없어졌는가?"

"열흘 전 제가 집을 비운 사이에 없어졌습니다."

"왜 집을 비웠는가? 아들이 없어진 그 시각에 무엇을 하고 있었는가?"

부처님의 이 한마디가 귀자모의 마음을 아프게 찔렀습니다. 자기가 남의 집 아기를 훔치고 있는 동안 아들이 없어졌고, 그것이 지은 죄에 대한 당연한 과보임을 느꼈던 것입니다. 비로소 자기의 소행이 극악한 죄임을 깨달은 귀자모는 땅에 엎드려 부처님께 절하며 참회하였고, 부처님께서는 말씀하셨습니다.

"그대의 자식은 사랑하면서 왜 남의 자식은 훔치는가? 그대에게 자식을 빼앗긴 사람들도 자기 자식을 사랑한다. 그들은 자식을 잃고 그대처럼 울고 있다. 그런데도 남의 아기를 훔쳐서 잡아먹었다. 그 죄의 과보를 그대는 모르는가? 뉘우치지 않으면 그대의 자식들도 남김없이 그대의 곁을 떠날 날이 오리라."

"세존이시여, 저를 용서하여 주옵소서. 그리고 저를 도와 주십시오."

"만약 그대가 오늘까지 저지른 잘못을 진심으로 참회하고 다시는 그러한 짓을 하지 않겠다고 맹세하면 빈가라가 돌아올 수 있게 해주겠다."

"세존이시여, 제 잘못을 진심으로 뉘우치고 있습니다. 그리고 맹세하겠습니다."

"그것을 무엇으로 증명하겠느냐?"

"앞으로 부처님의 가르침을 따라 살겠습니다."

"그렇다면 앞으로 불살생·불투도·불사음·불망어·불음주의 다섯 가지 계율을 지켜야 한다. 또한 지금까지 지은 죄의 대가를 치러야 한다. 그렇게 할 수 있겠느냐?"

"예, 맹세코 그렇게 하겠습니다."

부처님께서는 그녀의 다짐을 받고 아들을 돌려주었으며, 귀자모는 아들을 품에 안고 말로 표현할 수 없는 기쁨을 느꼈습니다. 그리고 자신의 죄를 뉘우치며 서원誓願을 발했습니다.

"앞으로 정사 주변에 머무르며 불법을 보호하겠나이다. 자식이 없는 이들이 자식을 구하면 마땅히 그들에게 자식을 주어 원하는 바를 이루도록 하겠나이다. 그리고 아이들을 사랑하고 잘 자랄 수 있도록 보호하겠나이다."

그날부터 귀자모는 애자모愛子母가 되었으며, 불법을 수호하는 24제천諸天 중의 한 분이 되었습니다.

귀자모는 잊고 살았습니다. 내가 아파하는 것은 남도 아파한다는 것을!

부처님께서 극악한 앙굴리마라와 귀자모를 바꾸어 놓은 것이 무엇입니까? 자비심과 포용력입니다. 미워하고 싫어하기보다는 불쌍히 여길 줄 알았기 때문입니다. 적대시하면 바뀌지 않습니다. 마음도 바뀌지 않고 사람도 바뀌지 않습니다. 바꾸는 방법은 자비심입니다. 불쌍히 여기고 살리고자 하는 자비심입니다. 우리가 그 자비심을 배우고 조금씩 자비행을 실천할 때, 내가 바뀌고 상대가 바뀌고 이 사회가 바뀌게 되는 것입니다.

8. 평등과 끝없는 포용

똥 치는 니제와 마등가의 교화

❀

　부처님께서 기원정사에 계실 때, 상공업의 발달과 함께 사위성의 국운은 날로 성하였고, 인구는 크게 늘어났습니다. 자연 좁은 성 안에는 가옥이 난립하게 되었고, 집이 협소하다보니 변소를 설치하는 경우가 드물었습니다. 따라서 성 안의 사람 대부분은 성 밖으로 나가 대변을 보았습니다.

　다만 귀족이나 부자집에는 변소가 있었고, 그 인분을 퍼주며 살아가는 전다라(涅陀羅 : 인도의 4성 계급 중 최하위인 수드라보다 더 천한 신분)들이 있었습니다.

　그들 중 니제(尼提 : 니티 또는 수니타라고도 함)라는 사람이 있어, 부유한 집의 변소를 치며 간신히 생계를 유지하고 있었습니다. 그의 몰골은 말이 아니었습니다. 길게 산발한 머리에,

해지고 똥물로 얼룩진 옷을 입고 있었습니다.

어느 날 인분이 가득 찬 똥통을 등에 지고 버리러 가던 도중에, 아난다 존자를 데리고 걸식乞食을 하며 다가오고 계신 부처님을 발견하고 니제는 생각했습니다.

"부처님은 청정하신 분이다. 하지만 나는 어떠한가? 전생의 업이 깊어 이렇게 똥을 만지며 살아가고 있다. 하물며 이 똥통을 지고 부처님 곁을 지나간다면 나의 업은 더욱 무거워지리라."

니제는 황급히 옆 골목으로 들어갔고, 그의 마음을 꿰뚫어 보신 부처님께서는 앞질러 가서 다시 니제 앞에 모습을 나타내었습니다. 당황한 니제는 부처님을 우러러보며 조심스럽게 피하려다가 너무 긴장한 나머지, 벽에 부딪쳐 똥통을 깨뜨리고 말았습니다.

니제는 온 몸에 인분을 뒤집어썼고, 길바닥에는 분뇨가 흘러 악취가 진동하였습니다. 니제는 더욱 부처님 뵙기가 황송하여 어쩔 줄 몰라 하다가, 땅바닥에 무릎을 꿇고 머리를 조아렸습니다. 부처님께서는 니제의 곁으로 다가가 말했습니다.

"어찌하여 내가 가는 길을 피하는 것이냐? 비록 똥을 치우고 옷이 더럽혀졌다고 할망정, 네 마음만은 더할 나위 없이 착하다. 그러므로 아름답기 그지없는 향내가 너에게서 풍겨나오고 있다. 신분이 전다라라 할지라도, 스스로를 천하게 여겨서는 안 되느니라."

부처님의 이와 같은 말씀에 안도의 숨을 내쉰 니제는 맑은 눈으로 부처님을 우러러 보았고, 부처님께서는 자비로운 음성으로 말했습니다.

"니제야, 지금 출가하여 나의 제자가 되지 않겠느냐?"

'부처님의 제자가 되라'는 말에 깜짝 놀란 니제는 한참 만에 입을 열었습니다.

"부처님이시여, 저같이 비천한 몸이 어찌 출가를 할 수 있겠습니까? 부처님께서는 국왕의 아드님이셨고, 다른 제자들도 모두 훌륭한 사람들이지 않습니까?"

"그렇지 않다, 니제야. 나의 법은 깨끗한 물이 능히 모든 오물을 씻어 내듯이, 빈부·남녀·신분의 차별을 두지 않고 도를 닦을 수 있는 자들은 모두 받아 들이느니라. 나는 신분의 존귀함 때문에 국왕이나 부자를 선택하지 않는다. 오히려 비천한 가문의 출신과 빈궁한 자들도 여럿 제도하였다. 어리석고 욕심 많은 사람까지도 그들의 근기根機를 보고 기꺼이 받아 들였느니라. 나의 법에는 편당偏黨이 없다. 평등하다. 정도正道를 가르쳐, 모든 중생을 위해 안온한 정로正路를 만들 뿐이다."

그리고 부처님께서는 게송을 읊었습니다.

진리의 법을 배워 해탈을 얻으려면
하루 속히 출가하라 지금 당장에

진리의 감로수는 슬기로운 이의 것
어찌 빈부귀천과 관계가 있으랴

마침내 출가를 결심한 니제는 감격의 눈물을 흘리며 말했습니다.

"만약 저같이 천한 자가 부처님의 은혜로 출가를 할 수 있다면, 지옥의 사람을 하늘 나라로 옮겨 놓는 것이나 다를 바가 없을 것입니다."

이에 부처님께서는 그를 이끌고 성 밖 큰 강가로 가서, 손수 니제의 더러운 몸을 씻어주고 기원정사로 데리고 와서 제자로 삼았습니다. 그리고 그날부터 용맹정진을 한 니제는 날로 새로워져 열흘 만에 수다원과를 얻었으며, 몇 달 후에는 아라한과를 이루어 육신통六神通까지 갖추게 되었습니다.

－「현우경」·「대장엄경론」

❀

인도에서는 앞에서 살펴본 니제처럼 가장 천한 신분의 남자를 '전다라' 라 부르고, 가장 천한 신분의 여자를 '마등가摩蹬伽' 라고 부릅니다. 그들은 신분 때문에 성 안에서 살 수도 없으며, 가장 천하고 궂은 일을 도맡아하며 살아갑니다.

부처님께서 사위성의 기원정사에 계실 때의 일입니다. 어느 날 아난다 존자는 사위성으로 들어가 걸식을 한 다음 정사로 돌아오다가, 한 마을에 이르렀을 때 몹시 목이 타 우물에서 물을 깃는 젊은 여인에게 청했습니다.

"물 한 그릇을 주시겠소?"

"소녀는 천한 마등가 종족의 사람입니다. 저와 같은 사람이 스님께 물을 떠드리는 것이 폐가 되지 않을까 걱정입니다."

"나는 모든 사람을 평등하게 보는 승려입니다. 마음에 귀하고 천함, 높고 낮음의 분별을 두지 않습니다. 몹시 목이 마르니 물을 주셨으면 합니다."

마등가는 기뻐하며 맑은 물을 떠서 바쳤고, 아난다 존자는 그 물을 천천히 마신 다음 기원정사로 돌아갔습니다. 하지만 존자의 숭고한 용모와 우아한 음성은 마등가의 가슴에 깊이 새겨졌고, 마침내 짝사랑의 열병을 앓게 되었습니다.

그녀의 어머니는 특수한 주술呪術을 익힌 일종의 무당이었기에, 그녀는 어머니에게 고백을 하고 매달렸습니다.

"어머니의 힘으로 그 분이 저에게 오도록 해주세요."

"애야, 욕심을 여읜 사람과 죽은 사람에게는 내 주술이 통하지 않는다. 더군다나 존자의 스승이신 부처님은 임금님도 존경하고 신봉하는 덕 높으신 분이다. 만일 주술로써 존자를 끌어왔다가 발각이 되면, 우리 종족은 멸망을 당할지도 모른다."

그러나 불타는 마음을 억제할 수 없었던 딸은 '차라리 죽겠다' 며 울고 또 울었습니다. 마침내 어머니 마등가는 흰 소의 마른 똥을 펴서 단壇을 만들고, 그 위에 띠풀을 쌓아 불을 붙인 다음, 타오르는 불꽃 속으로 108송이의 연꽃을 던지며 아난다 존자를 불러들이는 주문을 외웠습니다.

이때 마음이 어지러워진 아난다 존자는 자신도 모르게 마등가의 집을 향해 걸어갔습니다. 존자가 집에 이르자, 모녀는 향을 사루고 꽃을 흩으며 맞이하여 화려한 침상에 앉게 하였고, 아난다 존자는 악몽을 꾼 듯한 공포를 느껴 울면서 부처님의 구원을 빌었습니다. 부처님께서는 천안天眼으로 이를 꿰뚫어 보시고 게송을 외웠습니다.

계율의 못 물은 맑고 시원하여
모든 이의 번뇌를 씻어주나니
지혜로운 자는 이 못으로 들어오라
무명의 어두움이 길이 소멸되리라

순간, 마등가의 주술은 힘을 잃었고, 아난다 존자는 정신을 차려 여인의 희롱을 뿌리치고 뛰쳐나갔습니다. 그리고 부처님께 나아가, 자기의 공부가 부족하여 마등가의 주술에 떨어지게 되었다며 울면서 참회하였습니다.

그러나 마등가의 딸은 단념을 하지 않았습니다. 이튿날 아침, 그녀는 짙은 화장에 아름다운 옷, 꽃다발 등으로 치장을 하고 아난다 존자가 지나가는 길목을 지켰습니다. 마침내 존자가 나타나자 그녀는 존자의 뒤를 그림자처럼 쫓아갔습니다. 존자가 멈추면 그녀도 멈추고, 돌아보면 그녀도 고개를 돌리고….

그녀가 기원정사까지 쫓아오자 크게 부끄러움을 느낀 존자는 부처님께 구원을 청하였고, 부처님께서는 그녀를 불렀습니다.

"네가 아난다의 아내가 되기를 원한다면 부모의 승낙을 얻어오너라."

그녀는 매우 기뻐하며 집으로 달려가 부모님을 모시고 왔고, 부모가 '허락'을 맹세하자 부처님께서는 그녀에게 말했습니다.

"아난다는 머리를 깎은 승려이다. 네가 아난다의 아내가 되려면 먼저 머리를 깎고 출가해야 한다. 그렇게 하겠느냐?"

"예, 출가하겠습니다."

그녀가 부처님의 지시에 따라 머리를 깎고 법복을 입었을 때 부처님께서는 법을 설하셨습니다.

"애욕이란 모든 죄의 근본이요 괴로움의 씨앗이다. 그 단맛보다 쓴맛이 몇 만 갑절이 되느니라. 이 애욕으로 인하여 모든 생명은 길이 지옥·아귀·축생의 세계를 벗어나지 못한다. 마치 여름밤의 부나비와 벌레들이 타는 등불에 몸을 던져 죽는 것과 같이, 어리석은 범부들은 욕심의 불꽃에 몸을 던지는 것이다. 그러나 지혜로운 이는 욕심을 멀리하여 애욕의 불 속에서 벗어나느니라."

부처님께서는 그녀를 위하여 많은 법문을 설하셨고, 법문은 그녀의 마음을 끝없이 맑혔습니다. 마침내 그녀는 아난다 존자에게 착하지 못한 생각을 품고 있었음을 확인하고 진심으로 참회하였습니다. 그리고 모든 욕심의 장애를 벗어나 도를 얻게 되었습니다.

§

전다라 신분인 니제의 출가와 마등가의 출가!

오늘날을 사는 우리에게는 이 두 편의 이야기가 '그럴 수 있는 당연한' 이야기로 들릴 것입니다. 그러나 이 두 편의 이야기에는 당시 인도사회의 절대적인 금기를 뛰어넘은 치열함과 부처님의 대자대비가 숨겨져 있습니다.

지금도 인도사회는 신분의 차별이 극심합니다. 하물며 2500년 전에는 어떠했겠습니까? 그 차별은 너무나 심했습니다. 전다라나 마등가가 귀족의 그림자를 밟으면 그 자리에서 죽이기까지 하였습니다. 그들의 신분상승은 절대로 없었습니다. 아버지가 똥을 푸면 아들도 평생토록 똥을 푸며 살아야 했습니다.

평생을 남이 배설해 놓은 똥오줌만을 치우며 살아가야 하는 천한 니제. 온 몸에 분뇨를 묻혀가며 하루하루를 사는 더러운 니제. 하지만 부처님께서는 니제의 겉모습을 보지 않았습니다. 신분도 보지 않았습니다.

부처님께 역겨운 냄새를 맡지 않게 하려는 니제의 착한 마음씨와 자기의 맡은 바 일을 싫어하지 않고 책임을 다하는 성실한 태도를 보고 제자로 삼은 것입니다.

그런데 그 천한 종족이 출가하여 국왕이나 대신들의 공양을 받고 존경을 받는 승려가 되었다는 것은 당시의 신분사회에서 볼 때 있을 수가 없는 일이었습니다. 부처님이 아니면 할 수 없는 일이었습니다.

실로 부처님께서 니제와 마등가를 출가시켜 제자로 삼았다는 소문을 들은 사람들은 매우 불쾌하게 생각을 하였습니다. 그것을 구실로 삼아 불교교단을 공격하였을 뿐 아니라, 부정한 신분의 사람을 제자로 삼은 부처님께 공양하는 것까지도 불쾌하게 생각하는 사람이 적지 않았습니다.

그때까지 기쁜 마음으로 보시를 하던 사람들도 보시를 거절하기 시작했고, 제자들 가운데에도 비난하는 자가 있었습니다. 따라서 이를 지켜보는 아난다 존자는 마음이 매우 괴로웠습니다. 그러나 부처님께서는 태연하셨습니다. 그리고 그렇게 평등을 실천하는 것이야말로 '진리'임을 설파하셨습니다.

"제자들아, 큰 강물들은 모두 바다로 흘러들어간다. 헤아릴 수 없이 많은 강의 물도 바다로 흘러들어간다. 그 강물이 한번 바다로 흘러 들어가면 옛날의 강 이름과 흘러온 계통은 없어지고, 오직 '바다'라고만 불린다. 그와 같이 너희들이 출가하기 전에는 왕족이었거나 브라흐만·평민·노예의 어느 계급이었을지라도, 출가하여 나의 가르침을 따르고 수행하게 되면 그 이전의 이름과 계급은 없어지고, 오직 '부처님을 신봉하는 승려'라는 이름으로 평등하게 불리느니라."

또한 밖으로는, 소문을 듣고 놀라 찾아온 파사익왕부터 설득을 시켰습니다. '이대로 두면 부처님의 명예와 가르침이 빛을 잃을지도 모른다'고 생각한 왕은 충고를 하기 위해 신하들을 거느리고 부처님을 찾아갔습니다. 그러나 왕은 부처님의 논리 정연한 설법에 감화되어 마음을 바꾸었을 뿐 아니라, 그어떤 승려에게도 차별을 두지 않고 공양 하겠다는 맹세를 하였습니다.

이렇듯 인간 세상에 존재하는 계급적 신분적 구별의 무의미함을 천명하신 부처님이셨기에 니제와 마등가의 경우처럼 당시의 관습을 뛰어넘어 큰 바다와 같은 자비와 평등의 정신으로 중생을 교화할 수 있었던 것입니다.

그것은 교단 내에서도 똑같이 적용되었습니다. 승가의 모든 구성원들에게 평등한 의무를 부과하면서 자리이타自利利他의 덕을 닦을 것을 강조하셨고, 서열 또한 출가한 뒤의 수행경력에 의해서만 정하셨습니다.

부처님의 십대제자 중 지계제일 우바리 존자의 출가 이야기가 이것을 잘 증명하고 있습니다.

우바리 존자는 인도의 네 계급 중 가장 천한 수드라(Śūdra, 노예) 출신입니다. 그는 장성하여 석가족의 궁중에서 머리를 깎는 이발사로 일했습니다.

부처님께서 성도하신 뒤 고향에 돌아와 법을 설하였을 때 설법을 들은 석가족의 왕자들은 발심하여, 부처님의 제자가 되기 위해 부처님이 계신 곳을 찾아가면서 궁중 이발사 우바리를 데리고 갔습니다.

부처님이 계신 곳에 이르러 모든 왕자들이 출가할 뜻을 품는 것을 보고 우바리도 출가하고자 하였으나, 수드라 출신의 천민인지라 감히 엄두조차 내지 못하고 슬픔에 잠겨 있었습니다.

부처님께서는 그와 같은 우바리의 마음을 헤아려 출가를 허락하였고, 우바리는 기쁨의 눈물을 흘렸습니다. 그리고 7일 후, 부모의 허락을 얻은 7왕자는 정식으로 부처님의 제자가 되었습니다.

부처님께서는 언제나 하시던 것처럼 출가한 순서대로 선배 제자들을 앉게 하신 다음 새로 출가한 7왕자의 절을 받게 하였습니다. 7왕자들은 장로들로부터 앉은 차례대로 예배를 해 나가다가, 맨 끝에 앉은 우바리 앞에 이르러서는 절을 하지 않고 있었습니다. 이 광경을 보신 부처님께서는 그들을 타이르셨습니다.

그러나 7왕자들은 선뜻 우바리에게 절을 하지 못하였습니다. 그러자 부처님께서 거듭 타이르시며 이렇게 설법하셨습니다.

백 천 갈래의 물줄기는
하나같이 바다로 흘러 들어가고
사성四姓들은 출가하여
하나의 석씨 성이 되도다
百千河水 同流入海 백천하수 동류입해
四姓出家 同一釋姓 사성출가 동일석성

일단 교단에 들어오면 출가 전의 왕자도 수드라도 똑같은 사문일 뿐이라는 선언이었습니다. 마침내 7왕자는 왕자였다는 교만심을 버리게 되었으며, 출가 전의 왕자와 이발사의 관계를 깨끗이 잊고 순수한 마음으로 우바리에게 공손히 절을 했습니다.

이로써 불교 교단 내에서 절대평등사상은 굳게 확립되었고, 모든 중생이 똑같은 불성종자佛性種子임을 만천하에 공표하게 된 것입니다. 또 이런 일이 있은 뒤부터 인도사회에서도 그 엄하던 사성제도가 옳지 않음을 각성하기 시작하였으니, 참으로 획기적인 인권존중의 구현이요, 사자의 포효와도 같은 인권선언이었다고 해야 할 것입니다.

시간이 흐를수록 평등의 가르침에 공감하여 부처님께 귀의하는 제자들은 더욱 늘어만 갔습니다. 상류계급 출신은 물론이요, 신분이 낮은 사람이나 천한 직업에 종사하는 사람들, 그리고 사회의 낙오자들까지 앞 다투어 부처님께 매달렸습니다. 일족이 모두 멸망당하고 혼자 남게 된 과부, 지팡이에 몸을 의지하여 이 집 저 집을 구걸하러 다니며 연명하던 부인들까지도 비구니 교단 속으로 거두어 들였습니다.

타종교에 대한 포용력

🪷

부처님 당시에 있었던 육사외도六師外道 중 현재까지 존립하고 있는 종교는 '자이나교' 뿐입니다. 자이나교의 교조 마하비라는 바이샬리 출신으로, 마가다국의 빈비사라 왕과 친척이었습니다.

자연, 불교와 자이나교의 포교영역과 신도층은 서로 겹쳐지지 않을 수 없었으며, 한 쪽 종교에서 다른 쪽 종교로 옮긴 사례도 몇 가지 알려져 있습니다. 그 중 가장 유명한 예가 바이샬리의 명사로 알려진 '시하 장군' 의 이야기입니다.

시하 장군은 원래 자이나교의 독실한 신도로, '불교는 나쁜 종교' 라고 단정하고 있었습니다. 어느 날 그는 부처님을 뵈옵고 인품에 감화되어 스스로 맹세를 했습니다.

"부처님이시여, 지금부터 자이나교를 버리고 불교에 귀의하겠나이다."

그러나 부처님께서는 타일렀습니다.

"그대와 같이 사회적으로 높은 지위를 가진 사람이 함부로 신앙을 바꾸는 것은 좋지 않습니다. 다시 잘 생각을 해보시오."

이 말을 들은 시하 장군은 부처님의 너그러운 인격에 더욱 감동하여 삼보에 귀의하겠다고 다짐하였고, 부처님께서는 당부를 하였습니다.

"지금부터 갑자기 자이나교 승려를 물리치는 것은 옳지 못하오. 불교의 승려뿐 아니라 자이나교 승려에게도 똑같이 공양하는 것이 옳은 일이오."

❀

부처님께서 나란다 바바리나 숲에 머물고 계실 때 자이나교의 승려가 찾아왔습니다. 부처님께서는 그에게 질문했습니다.

"그대의 스승은 어떤 방법으로 악업惡業을 짓지 않도록 가르치는가?"

"몸과 입과 생각으로 잘못을 저지르면 고행苦行의 벌을 내려 악업을 짓지 못하도록 합니다. 부처님께서는 어떻게 가르치십니까?"

"나는 몸과 입과 생각으로 잘못을 범할지라도 고행을 하라고 말하지 않는다. 다만 마음으로 악업을 참회하고 선업을 실천하라고 가르친다."

그는 부처님과의 대화를 통하여 깨우침을 얻고, 스승인 마하비라에게 돌아가 이 사실을 고했습니다. 마침 그 자리에는 자이나교의 재가제자인 우팔리 거사가 있었는데, 부처님께 설복을 당했다는 사실에 격분하여 말했습니다.

"제가 부처님과 대론을 벌여 항복을 받아오겠습니다."

"자네가 항복을 받으면 다행이겠지만, 그렇지 못할까봐 걱정이네."

마하비라의 만류에 우팔리는 '자신이 있다'며 나섰지만, 그 역시 부처님과의 대론에서 설복을 당하고 말았습니다. 그리고 맹세했습니다.

"부처님, 저는 오늘부터 목숨이 다하는 날까지 삼보에 귀의하는 재가신도가 되겠습니다."

"거사여, 그렇게 하라. 그러나 잠자코 실천할 뿐, 삼보에 귀의한 것을 굳이 공표할 필요는 없다. 훌륭한 사람은 오직 선을 행할 뿐이다."

"참으로 거룩하십니다. 다른 종교라면 깃대를 높이 들고 다니며 자랑을 할 텐데, 부처님께서는 '잠자코 실행할 뿐 공표하지 말라'고 하십니다. 그렇다면 부처님이시여, 저는 앞으로 자이나교의 승려가 저희 집에 오는 것을 허락하지 않고 부처님 제자만 올 수 있게 하겠나이다.”

“거사여, 그렇게 하면 안 된다. 저 자이나교 승려들은 오랫동안 너의 존경을 받았다. 저들이 오거든 옛날과 같이 존경하고 공양하라.”

“부처님! 참으로 거룩하십니다. 다른 이 같으면 ‘마땅히 나와 내 제자에게만 보시하고 다른 이에게는 보시하지 말라’고 할 터인데, 부처님께서는 그렇지가 않습니다.”

“거사여, 그렇다. 나는 ‘나와 내 제자에게만 보시하고 다른 이에게 보시하지 말라’고 하지 않는다. ‘모든 사람들에게 보시하여 큰 기쁨을 얻으라’고 말한다. 다만 ‘바르게 정진하는 사람에게 보시하면 큰 복을 얻고, 그렇지 않은 사람에게 보시하면 그다지 큰 복을 얻지 못한다’고 말할 뿐이다.”

- 「우파리경」

⚱

이 두 편의 이야기 속에는 부처님의 다른 종교에 대한 자세와 포용력이 잘 나타나 있습니다.

부처님께서 활동하던 시대의 인도는 종교의 백화점이라 할 정도로 많은 사상이 난무하고 있었습니다. 경전에 의하면 육사외도六師外道를 비롯하여 92종의 사견邪見이 있다고 기록되어 있습니다. 그들은 모두 자기 종교와 사상의 우월성을 강조하기 위해 다른 종교를 깎아내리는 일에 몰두했습니다. 심한 경우, 음모와 살상도 마다하지 않았습니다.

모든 종교가 하나같이 자비와 사랑을 가르치면서도, 다른 종교에 대해서는 왜 배타적인 태도를 취하는 것일까? 그것은 '진리' 와 관계가 있습니다.

어느 종교든, 그들이 내세우는 교설은 진리라고 주장합니다. 따라서 그것이 참된 진리라면 두려워할 까닭이 없습니다. 보편타당한 진리라면 타종교를 배척할 까닭이 없습니다. 언제나 열려 있기 때문입니다.

하지만 보편타당한 진리가 아닌 그들만의 진리일 때는 다릅니다. 그들만의 진리를 보호하기 위해 다른 종교를 배척해야 합니다. 곧 진리에 대한 절대적인 확신이 없기 때문에 다른 종교를 포용하지 못하는 것입니다.

그런데 불교는 어떻습니까? 다른 종교에 대해 배타적인 태도를 보이지 않습니다. 비합리적인 주장을 펴는 일부 종교에 대해 '외도外道 · 사견邪見' 이라는 표현을 쓰기는 하지만, 불교가 아니면 안 된다는 식의 주장은 하지 않습니다. 오히려 부처님의 한결같은 입장은 '진리면 된다' 는 것입니다. 이는 인용한 두 편의 이야기에도 분명히 밝혀져 있습니다.

· 함부로 신앙을 바꾸지 말라.
· 잠자코 실천할 뿐, 굳이 공표하지 말라.
· 훌륭한 사람은 오직 선을 행할 뿐이다.
· 이전과 다를 바 없이 존경하고 공양하라.

· 모든 사람에게 보시하여 큰 기쁨을 얻어라.

이렇듯 자신 있고, 넓게 넓게 포용할 뿐입니다. 물론 넓은 포용이 소극적인 포교를 뜻하는 것은 아닙니다. 불교의 진리를 전하는 데는 다른 종교와 같이 적극적인 활동을 할 것을 강조합니다. 하지만 '나를 통하지 않고는 신의 나라에 이를 수 없다, 나를 믿지 않으면 지옥 간다' 는 식의 극단적인 포교이론은 내세우지 않습니다.

악한 일을 해서 벌을 받는것은 스스로 참회를 하지 않았기 때문일 뿐, 특정한 종교를 믿고 안 믿고와는 상관이 없습니다. 왜냐하면 진리는 누구에게나 열려 있는 것이요, 특정한 종교에 귀속되어 있는 것이 아니기 때문입니다.

진리를 완전히 체득하신 부처님! 그래서 부처님은 한없이 자비롭습니다. 왜일까요? 자비는 진리에서 나오기 때문입니다. 완전한 진리를 체득하신 부처님은 완전히 열려 있습니다. 그러므로 모든 것을 포용할 수 있습니다. 완전히 열려 있는 진리로 어떠한 종교인도 범부도 사물도 다 받아들일 수가 있습니다.

진리에 입각한 크나큰 포용력. 이것이야말로 부처님과 불교의 위대성이요 역사적 전통이라는 것을 잊지 말아야 할 것입니다.

공부인의 사표 주리반특

✿

주리반특(小路라는 뜻)은 머리가 퍽 좋지 않았습니다. 출가하여 3년 동안 불교교단에서 가르침을 받았지만 시 한 수도 외우지 못했습니다. 이에 누구보다도 답답했던 사람은 함께 배웠던 형 마하반특이었습니다. 그는 동생의 어리석음을 꾸짖다가 지쳐 말했습니다.

"불도를 닦아 3년이 되었는데도 한 치의 진전이 없으니, 그만 집으로 돌아가거라."

집으로 돌아가라는 형의 말에 충격을 받은 주리반특은 기원정사의 문 밖에 서서 하염없이 눈물만 흘리고 있었습니다. 그때 부처님께서 다가와 물었습니다.

"어찌하여 여기서 슬피 울고 있느냐?"

그 까닭을 말하자 부처님께서는 위로부터 하셨습니다.

"주리반특아, 네 어리석음을 두려워하거나 슬퍼하지 말아라. 네가 도달할 깨달음의 길은 네 형의 인도에 의지할 수 있는 것이 아니다. 다만 머리가 좋지 않아서 어려운 것은 기억할 수 없을 터이니, 쉽고 간단한 것을 일러주겠다."

그리고는 다음과 같이 일러주셨습니다.

"행동하고 말하고 생각함에 있어 악을 짓지 말고, 생명 있는 중생을 상해하지 말며, 바른 생각으로 일체의 덧없음을 보

라. 모든 괴로움이 저절로 사라진다."

그러나 주리반특은 이 간단한 구절조차도 외울 수가 없습니다. 그래서 자기의 우둔함을 한탄한 나머지 부처님을 찾아가 말씀을 드렸습니다.

"부처님이시여, 저는 분명 바보 천치임에 틀림없습니다. 도저히 부처님의 제자가 되기 어려울 것 같습니다."

"바보이면서 스스로가 바보인 줄을 모르는 사람이 진짜 바보다. 너는 스스로가 바보인 줄을 알고 있으니 진짜 바보가 아니다."

그리고 주리반특에게 빗자루 하나를 주시며 당부했습니다.

"이 빗자루를 가지고 청소를 하면서 '먼지를 털리라, 때를 없애리라'를 되풀이하고 또 되풀이해서 외워라."

우둔하기는 해도 남달리 정직하고 성실했던 주리반특은 빗자루로 사원의 구석구석을 청소하면서 '먼지를 털리라, 때를 없애리라'를 되풀이 하였습니다. 날이 감에 따라 점점 익숙해져서 그냥 이 말이 술술 나오게 되었고, 마침내 이 말의 뜻에 대해 생각하게 되었습니다.

'부처님께서 말씀하신 먼지는 무엇이고 때는 무엇인가? 먼지란 마음의 먼지요, 때란 마음의 때가 아닐까? 사람마다 각자의 마음에는 더러움이 있다. 내 마음의 먼지를 털고 내 마음의 때를 없애는 일, 이것이 불도의 수행이 아닐까? 인간세상의 미로迷路에는 때가 가득하다. 지혜는 바로 마음의 빗자루

다. 내 이제 지혜의 빗자루로 마음의 미혹을 쓸어버리리라.'

이렇게 생각한 주리반특은 부처님께로 나아가 기쁜 마음으로 아뢰었습니다.

"부처님, 이제부터 지혜의 빗자루로 마음의 먼지를 쓸겠나이다."

"착하도다, 내 제자여. 네 말과 같다. 지혜는 능히 사람과 세상의 미혹을 없앤다. 내 제자가 닦는 것은 오로지 이 길이니라."

그리고 며칠 뒤, 마침내 주리반특은 마음의 때와 먼지를 말끔하게 없애 아라한이 되었습니다. 그리고 뒷날 부처님의 부촉을 받아 말세 중생을 인도하는 16나한 중 한 분이 되었습니다.

- 「선견율비파사」

⚓

둔하디 둔한 주리반특의 깨달음. 부처님께서는 둔하디 둔한 주리반특을 끝까지 버리지 않고 깨달음의 경지로 인도하셨습니다. 오로지 주리반특의 정직함과 성실함만을 보고 깨달음의 길로 인도하신 것입니다.

우리도 인생을 사는 자세, 도를 닦는 자세를 주리반특과 같이 가다듬어야 합니다. 인생은 재주로 사는 것이 아닙니다. 재주도 요령도 눈치도 통하지 않는 것이 도요 인생살이입니다. 오직 진실로써, 스스로의 진실을 체험하면서 사는 것이 도에 순응하며 사는 인생살이입니다.

이제 우리는 긍정할 줄 알아야 합니다. 결점은 결점으로 받아들여야 하고, 부족은 부족으로 받아들일 줄 알아야 합니다. 스스로의 결점과 모자라는 점을 기꺼이 긍정하고 받아들일 때, 결점은 고칠 수가 있고 모자라는 점은 보충할 수가 있는 것입니다.

수행, 곧 불교공부는 특별한 것이 아닙니다. 결점을 결점으로 받아들여 완전하게 바뀔 때까지 끊임없이 반복하고 고치고자 하는 것이 수행입니다. 따라서 그 과정에는 시련과 아픔이 따르기 마련입니다. 왜? 바뀌기 때문에 시련과 아픔이 느껴지는 것입니다.

그런데 '나' 스스로를 빼어난 사람이라고 자부해 보십시오. 과연 그 시련들을 이겨낼 수 있겠습니까? 아닙니다. 누구보다도 먼저 좌절하고 말 것입니다. 따라서 불교공부를 하는 우리는 주리반특처럼 둔한 사람이 되고자 해야 합니다.

둔한 사람은 실수를 두려워하지 않습니다. 한번 한번의 실수를 두려워하지 않습니다. 한없이 반복되는 둔한 사람의 실수! 이것이 바로 진리를 찾는 길이요 진실을 발견하는 길입니다. 계속되는 실수 속에서 끊임없이 마음의 때와 먼지를 털어내는 구도求道. 이것이 주리반특의 이야기가 깨우쳐주는 교훈일 것입니다.

9. 공부, 이렇게 하라

중도로 공부하라

❀

부처님 제자 가운데 한 사람인 수목나('소나'라고도 함) 존자는 아주 부유한 집안의 아들로 태어났습니다. 그는 태어나자마자 아버지로부터 '억만금의 재산을 물려주겠다'는 말을 듣게 되었으므로, '수목나' 곧 '문억聞億'이라는 이름을 얻게 되었습니다. 부모가 어찌나 애지중지하며 키웠던지, 다 자랄 때까지 땅을 밟은 적이 없었던 수목나의 발바닥에는 털이 날 정도였다고 합니다.

아이가 장성하자 아버지는 부처님께로 나아가 법문을 듣게 하였고, 부처님의 법문을 듣는 순간 수목나는 진리의 세계가 눈앞에 다가오는 듯 하였습니다. 환희심 속에서 그는 느꼈습니다.

'가업을 잇고 세속의 일에 끄달리다 보면 공부가 제대로 될 까닭이 없다. 이 좋은 공부를 하여 도를 이루려면 출가수행을 하는 것이 마땅하다.'

수목나 존자는 굳은 결심과 함께 출가를 하여 몸을 아끼지 않고 정진하였습니다. 그러나 얼마 지나지 않아 그 곱던 발바닥이 터졌고, 그가 지나간 자리는 피로 얼룩졌습니다. 이를 보신 부처님께서는 그를 위해 '신발을 신어도 좋다'는 법을 제정하셨습니다.

부처님의 깊은 자비 속에서 더욱 열성적인 수행자가 된 수목나 존자는 필사적인 각오로 부처님의 가르침을 받들고 공부했습니다. 그래서 부처님으로부터 '고행정진 제일'이라는 칭호까지 얻게 되었습니다. 하지만 아무리 애를 써도 높은 도의 경지에 이를 수가 없었습니다. 마침내 초조함에 빠진 수목나 존자는 갈등을 하기 시작했습니다.

'나는 누구에게도 지지 않을 만큼 열심히 수행하였다. 그럼에도 높은 도의 경지에 이를 수 없는 것은 어인 까닭일까? 내가 돈과는 인연이 많지만, 도와는 인연이 없는 것이 아닐까? 이럴 바에는 차라리 집으로 돌아가, 그 많은 돈으로 부처님과 스님들을 위하여 길을 닦고 절을 짓고 공양을 올리거나, 가난한 사람들에게 널리 보시를 하여 공덕을 쌓는 것이 더 좋지 않을까?'

그때 부처님께서는 수목나 존자의 마음을 읽으시고 그를 찾아가 말을 걸었습니다.

"수목나야, 너는 집에 있을 때 무엇을 가장 즐겼느냐?"

"거문고 타기를 즐겨 하였습니다."

"그렇다면 잘 알고 있으리라. 수목나야, 거문고 줄이 너무 팽팽하면 어떻게 되느냐?"

"소리가 날카로울 뿐아니라 줄이 끊어지기도 합니다."

"줄이 너무 느슨하면 어떻게 되느냐?"

"줄이 늘어지면 소리 또한 축 처져 좋지가 않습니다. 줄이 적당히 팽팽할 때 좋은 소리가 납니다."

"도를 닦는 것 또한 그와 같다. 너처럼 억지로 애를 쓰며 공부를 한다고 하여 되는 것이 아니다. 급하면 초조한 마음이 생기고, 초조한 마음이 생기면 마음의 평화를 잃어 도에 계합할 수 없느니라. 그리고 지나치게 긴장을 풀어 정진의 줄을 늦추면 태만에 흐르게 되느니라. 그러므로 거문고 줄을 고르는 것과 같이 공부를 하되, 너무 팽팽하지도 너무 늘어지지도 않은 중中을 취해야 한다. 모든 신묘한 법이 이 중도中道 가운데 있으니 잘 명심할지니라."

부처님의 가르침을 받은 수목나 존자는 고요히 반성하고 그 가르침대로 공부하여, 마침내 중도를 얻고 아라한과阿羅漢果를 이루었습니다.   - 「잡아함 이십억이경(二十億耳經)」

§

불교는 중도를 공부의 과정으로 삼는 동시에 목표로 삼고 있습니다. 이 때문에 부처님께서는 녹야원의 초전법륜初轉法輪에서 중도의 법문부터 설하셨습니다.

"세상에는 두 극단이 있나니, 수행자는 그 어느 쪽으로도 기울어져서는 안 된다. 두 극단이란 무엇인가? 첫째는 관능이 이끄는대로 욕망의 쾌락에 빠지는 것이요, 둘째는 자기 자신을 괴롭히는 고행에 열중하는 것이다. 나는 이 두 극단을 버리고 중도를 걸었으며, 이 중도에 의해 성스러운 깨달음을 이루었다."

이렇게 부처님께서는 이전의 누구도 주장하지 않았던 중도의 법문을 첫 설법으로 택하셨으며, 수목나에게 주신 가르침도 바로 이것이었습니다.

"거문고의 줄을 고르듯이 중中을 취하여 공부를 해야 한다."

중도! 이것이 불교 공부의 기본입니다. 중도라야 바른 도道에 계합하고, 중도로 닦아야 부처님께서 성취하신 중도에 계합한다는 것입니다.

오늘날의 불자들 가운데에도 처음에는 수목나 존자처럼 열성적으로 불교를 믿거나 공부하는 이들이 있습니다. 그리고 내친 김에 '속히 쉽게 이루겠다'는 마음으로 공부하는 이들이 있습니다. 그들은 남이 열심히 공부하여 성취한 이야기를 접하고, '나도 해야지' 하고 시작을 합니다. 그러나 공부가 마음처럼 잘 되지만은 않습니다.

공부를 하다 보면 갈등에 빠져들 때가 있습니다. '나는 공부를 할 그릇이 못되는가 보다', '나는 이 공부와 인연이 없는가 보다' 하면서 그만두려고 합니다. 마치 수목나 존자가 공부를 포기하려 했던 것처럼….

하지만 이것이 바로 고비입니다. 누구에게나 찾아드는 고비입니다. 참선·염불·기도·경전공부 등, 어떠한 공부에도 이런 고비는 꼭 찾아듭니다. 그리고 이때 필요한 것이 중도의 지혜입니다. 중도로써 지혜롭게 공부에 임해야 합니다. 중도에 입각하여 느슨해진 몸과 마음을 다잡고, 중도에 입각하여 너무 긴장된 몸과 마음을 풀어주어야 합니다.

거문고의 줄을 고르듯이, '나'의 몸과 마음에 맞게 정성껏 공부해야 합니다. 줄의 완급緩急이 알맞아야 미묘한 제 소리를 낼 수 있는 거문고처럼, 스스로의 몸과 마음을 법도에 맞게 조절하여 공부를 할 때 거룩한 깨달음에 그만큼 빨리 도달할 수 있다는 것을 부처님께서는 깨우쳐 주신 것입니다.

헛된 것을 추구하지 말라

부처님께서 사위국의 기원정사에 계실 때, '만동자蔓童子'

비구는 고요한 곳에 홀로 앉아 하루 종일 깊은 생각에 잠겼습니다.

'세계는 영원한가 무상한가? 무한한가? 유한한가? 영혼과 육체는 하나인가 따로 있는가? 중생은 죽은 뒤에도 존재하는가 존재하지 않는가? 부처님께서는 이러한 문제에 대해 전혀 설명을 해주지 않으신다. 나는 부처님의 그러한 태도가 못마땅하다. 이제는 더 참을 수가 없다. 부처님께서 나를 위해 이러한 것들에 대해 설명을 해 주신다면 부처님 밑에서 수행을 계속 하겠지만, 아무런 설명도 없으시면 부처님을 비난한 뒤에 떠나가리라.'

해가 질 무렵에야 자리에서 일어난 만동자 비구는 부처님께로 나아가 혼자서 생각하였던 일들을 말씀드린 다음 덧붙여 말했습니다.

"저의 이러한 생각에 대해 아시는 대로 설명해 주소서. 설명을 해주시지 않는다면, 저는 부처님의 곁을 떠나 속세로 돌아가겠습니다."

"만동자여, 너는 참으로 어리석구나. 어떤 어리석은 사람이 '만약 부처님이 나를 위해 세계의 영원함 등에 대해 말해주지 않는다면 나는 그의 밑에서 도를 배우지 않겠다' 고 한다면, 그는 그 문제들을 풀지도 못한 채 목숨을 마치고 말 것이다.

비유를 들리라. 어떤 사람이 독 묻은 화살을 맞아 견디기 어려운 고통을 받고 있을 때, 친척들이 의사를 불러 그 화살을 뽑고자 하였다. 그때 그는 외쳤느니라.

'이 화살을 뽑아서는 아니되오. 나는 먼저 화살을 쏜 사람이 누구인지를 알아야겠소. 남자인지 여자인지, 이름은 무엇이며 성질은 어떠한지, 외모는 어떠하며 어디에 사는 사람인지를 알기 전에는 화살을 뽑지 않겠소. 그리고 그 활이 큰 것인지 작은 것인지, 무슨 재질로 만든 것인지, 활줄이 등넝쿨로 만든 것인지 실인지 동물의 힘줄인지, 화살이 보통나무로 만들었는지 대나무인지, 활촉이 쇠로 만든 것인지 송아지 이빨로 만든 것인지, 화살의 깃이 독수리털인지 닭털인지를 먼저 알아야겠소.'

만동자여, 독화살을 맞은 이가 이와 같이 고집한다면 어떻게 되겠느냐? 그는 그것을 알기도 전에 온 몸에 독이 퍼져 죽고 말 것이다. 만동자여, 세계가 영원한가 무상한가 등을 알기 위해 나를 따라 수행한다는 것은 옳지 않다. 세계가 영원하다거나 무상하다고 말하는 사람에게도 생로병사와 근심걱정은 있는 것이다. 나는 이러한 것들을 지금 없애게 하고자 법을 설하는 것이니라.

또한 나는 세상의 무한함과 유한함, 죽은 뒤의 존재유무에 대해 단정적으로 말하지 않는다. 왜냐하면 그들이 어떠한 견해를 가졌다해도 맑고 깨끗한 수행이 되는 것이 아니요, 여전히 생로병사와 근심걱정을 면할 수 없기 때문이다.

만동자여, 나는 설해야 할 것은 설하고 설하지 않아야 할 것은 설하지 않느니라.

무엇을 설하지 않는가? 네가 알고 싶어 하는 것과 같은 문제들이다. 그 문제를 안다고 해도 이익될 것이 없나니, 맑고 깨끗한 수행을 위해서나, 번뇌를 없애고 뛰어난 지혜를 얻게 되거나, 깨달음을 얻어 열반에 들어가는 길이 되지 않기 때문이니라.

무엇을 설하는가? 고성제와 집성제와 멸성제와 도성제의 사성제가 그것이다. 이 사성제의 가르침을 알면 능히 이익을 얻게 되나니, 맑고 깨끗한 수행과 뛰어난 지혜를 얻고 열반에 들어가는 길이 되기 때문이니라."

만동자는 부처님의 설법을 듣고 앞의 그릇된 소견들을 모두 놓아버렸으며, 비구들도 기뻐하면서 받들어 행하였습니다.

- 「중아함 전유경(箭喩經)」

§

이 이야기의 주제는 '헛된 것을 추구하지 말고 가야 할 바른 길로 나아가라' 는 것입니다.

탐貪 · 진瞋 · 치癡의 독화살을 맞아 생로병사의 고통과 근심 걱정에 빠져 사는 중생. 그 중생에게 있어 가장 급한 일은 무엇입니까? 세계의 영원성이나 죽은 뒤의 존재여부를 아는 것이 다급합니까? 아닙니다. 무엇보다 다급한 것은 독화살을 뽑아 치료하는 일입니다. 지금의 고통과 근심걱정에서 벗어나는 일입니다.

과연 벗어나려면 어떻게 해야 합니까? 무엇보다 먼저 선후를 알고 근본을 잡아야 합니다. 무엇 때문에 고통스러워졌고 근심걱정에 빠져 있는가를 알아야 합니다. 그 고통의 근원이 독화살이요, 독화살의 제거가 다급하다는 것을 분명히 아는 것이 중요합니다. 그리하여 독화살을 제거하고 치료하여 원래의 몸을 회복해 가져야 합니다.

엉뚱한 관심, 엉뚱한 호기심. 이것이 우리의 공부를 망치고, 우리로 하여금 향상의 길로 나아가지 못하게 합니다. 만동자처럼 엉뚱한 관심사에 빠져들면 무엇 하나를 제대로 해결하기도 전에 죽음이 먼저 닥쳐옵니다. 결국 만동자는 번뇌로 인한 업보와 헛된 죽음 이외에는 어떠한 것도 얻지 못하게 되는 것입니다.

불교 공부는 정도正道에 입각하여 정도로 나아가는 공부입니다. 지금 이 자리에서 내가 걸어야 할 길을 바로 보고 바로 정하여 올바로 나아가는 것입니다. 결코 스스로가 나아갈 길을 만동자 비구처럼 엉뚱한 곳에서 찾아서는 안 됩니다. 지금의 위치, 곧 '지금 이 자리'를 기준점으로 삼아 지금 이 자리에 두 발을 굳건히 딛고, 나아가야 할 정도正道를 정립해야 한다는 것을 부처님께서는 가르쳐 주신 것입니다.

정도로 살면 건강도 부富도 사랑도 내생來生도 다 보장이 됩니다. 명예와 행복과 평화로움도 보장이 됩니다. 그리고 정도로써 살면 우리들 삶 속의 모든 것은 다 불교공부가 됩니다.

정도로 임하면 모든 것이 향상의 공부가 되는 것입니다.

그러므로 헛된 것이나 엉뚱한 것을 돌아보지 말고 바른 길부터 정립하십시오. 나의 인생, 나의 가정, 나의 할 일, 나의 수행, 나의 기도에 이르기까지 먼저 정도를 확립하십시오. 지금 이 자리에서 나아가야 할 정도를 확립하여, 갈등없이 힘차게 나아가십시오. 더이상 공연한 망상이나 헛된 것을 추구하지 마십시오.

헛된 것을 쫓으면 과정도 결과도 모두 헛것이요, 헛된 것을 돌아보지 않고 바른 길로 한결같이 나아가면 그 끝은 행복입니다. 자유요 영광이요 평화요 해탈입니다.

잡담 아닌 법담法談을 하라

부처님께서 기원정사에 계실 때의 일입니다. 제자들이 모여 앉아 세속에 있을 때의 이야기를 하고 있었습니다. 도둑들과 싸운 이야기, 술을 마시며 즐겼던 이야기, 먹고 입고 살았던 이야기 등 서로의 사연과 경험을 털어놓으며 시간을 보내고 있었습니다. 그때 부처님께서 그 자리로 오셔서 말씀하셨습니다.

"비구들이여, 그와 같은 잡담을 그만두도록 하여라. 그러한 말들은 아무런 의미가 없다. 선한 마음을 기르는 이야기도 아니요, 수행에 도움을 주는 이야기도 아니며, 열반을 얻는데 도움이 되는 이야기도 아니다.

만일 너희들이 이야기를 하고 싶거든 법法에 대한 이야기를 하여라. 욕심을 적게 하여 만족하는 방법, 믿음에 대한 이야기, 계戒·정定·혜慧에 관한 이야기, 중생을 제도하고 해탈을 얻는 이야기를 하여라. 그와 같은 이야기라면 능히 번뇌를 끊고 삼악도를 벗어날 수 있게 하느니라."

부처님의 말씀을 들은 비구들은 기뻐하며 받들어 행하였습니다.

§

부처님께서 깨우쳐주신 것처럼 불자들이 모이면 오로지 법담法談을 해야 합니다. 우리 불자들은 법회 때나 법당에서 기도를 할 때는 너무나 엄숙하고 진지합니다. 그런데 법회가 끝나거나 방에 모여 쉴 때는 가슴 속에 묻어 놓았던 불평·불만부터 시작하여, 직접 관계도 없는 세상 구석구석의 일까지를 평하고 욕하고 이야기하는 경우가 많습니다. 그야말로 법담이 아닌 잡담으로 시간을 보내는 것입니다.

잡담이 아니라 법담을 하는 것! 그 자체가 바로 나와 남을 함께 살리는 법보시法布施입니다. 그리고 법담을 하는 것이 생활화되면 어디에서나 저절로 법보시를 행하게 됩니다.

우리 모두 부처님의 제자답게, 나와 남을 함께 향상의 길로 인도하고 깨달음의 길로 인도하는 법담을 생활화해 봅시다. 잡담이 아닌 법담은 부처님의 은혜를 가장 잘 갚는 방법입니다. 자신 있게, 능력껏 법담을 하고 법보시를 행하는 불자가 될 때 우리의 공부는 저절로 향상하고 이루어지는 것입니다.

밥보다 법, 돈보다 도

❀

부처님께서 코살라국 오사라촌의 북쪽 숲에 계실 때, 사리불을 비롯한 비구들에게 말씀하셨습니다.

"너희들은 마땅히 법法을 구하기에 힘쓰고, 음식 구하기에 힘쓰지 말라. 나는 너희들을 진실로 사랑하고 가엾이 여기기 때문에, 법을 구하기에 힘쓰고 음식을 구하기에 힘쓰지 않기를 당부하는 것이다. 만일 너희들이 음식을 구하는 데 힘을 기울이고 법을 구하는데 힘을 쓰지 않는다면, 이것은 나의 가르침을 제대로 따르는 것이 아니다.

법이 아니라 음식을 위해 나를 의지하는 제자는 배고프고 목마를 때면 음식을 구하여 먹는다. 그 결과 하루 동안의 즐거움과 안온함을 느낀다. 그러나 자족自足을 잃고 욕심을 극복하지 못하여 때와 장소를 알지 못하게 되고, 정진과 선정을 게을리하기 때문에 열반을 얻지 못하느니라.

반대로 음식이 아니라 법을 구하기 위해 나를 의지하는 제자는 배고프고 목이 마를 때에도 음식을 구하려 하지 않는다. 그 결과 하루 동안은 괴롭고 안온하지 못함을 느낀다. 그러나 자족할 줄 알고 능히 욕심을 극복할 수 있기 때문에, 때와 장소를 잘 판단하고 정진과 선정을 잘 익혀 마침내 열반을 얻게 되느니라.

너희들은 마땅히 법을 법다이 받아 지켜 깨달음을 얻고 열반을 증득할지니라.”

이에 사리불 존자를 비롯한 여러 비구들은 부처님의 이 가르침을 즐겨 받들어 행하였습니다.　　　　　－「구법경(求法經)」

§

공부하는 수행인의 본분은 무엇인가? 법法입니다. 진리를 깨닫는 것입니다. 그래서 부처님께서는 본분을 지키라고 하신 것입니다. ‘염불보다 잿밥’에 관심을 두는 제자들을 깨우치기 위해, ‘밥보다는 법을 구하는 수행자가 되라’고 타이르신 것입니다.

‘밥을 구하지 말고 법을 구하라’는 가르침을 오늘날의 현실에 맞추어 ‘돈과 도道’로써 이야기하면 더 분명해집니다.

돈과 도. 이 둘은 매우 밀접한 관계에 있습니다. 그리고 돈은 결코 나쁜 것이 아닙니다. 잘 먹고 잘 살려면 돈이 있어야 합니다. 돈이 있어야 마음에 드는 것을 사고 할 바를 하면서 살 수 있습니다.

그러나 돈에 대한 욕심은 '나'의 행복한 앞길을 가로막아 버립니다. 곧 돈에 대한 집착이 심해지면 돈의 노예가 되어버리고, 돈 욕심에 사로잡히다 보면 어느덧 불행의 늪에 빠지게 됩니다. 돈 욕심에 눈이 멀어 갖가지 허물을 짓게 되기 때문입니다.

실로 대부분의 사건들은 돈 때문에 일어납니다. 돈을 나의 것으로 만들겠다는 탐욕이 불씨가 되어, 어린 아이를 납치하기도 하고 자식이 부모를 죽이기까지 합니다. 이것이 지옥의 문을 여는 열쇠가 아니고 무엇이겠습니까?

이 돈은 도道의 반대편에 서 있습니다. 돌고 도는 돈이기에, 돈에 집착하면 집착할수록 윤회의 수레바퀴는 더욱 세차게 돌아갑니다. 돈에 얽매이면 '나'의 윤회는 그칠 날이 없습니다. 반대로 돌지 않는 도, 변하지 않는 도, 항상 고요하여 동요되지 않는 도와 합치하면 윤회의 수레바퀴도 구르기를 멈춥니다.

그렇다고 하여 무조건 돈을 적대시해서는 안 됩니다. 왜냐하면 바로 그 돈 속에 도가 있기 때문입니다. 도는 어느 곳에나 있습니다. 일·가족·사회생활 속에 도가 있듯이, 돈 속에도 도가 있습니다. 돈 속에도 도가 있으므로 도로써 돈을 쓰면 돈을 쓰는 자체가 온통 도로 바뀔 수 있는 것입니다.

그러므로 중심을 어디에 두고 사느냐가 중요합니다. 공부를 하고 향상의 길을 걷는 사람의 중심은 밥이 아닙니다. 돈이 아닙니다. 우리의 중심은 법이요 도입니다. 이것을 분명히 명심하고 생활하게 되면 부처님의 법과 도에서 멀어지지 않게 되고, 법과 도가 생활의 중심축을 이룰수록 해탈과 열반에 가까이 다가서게 됩니다.

이제 밥과 돈에 대한 걱정은 내려놓으십시오. 부처님의 바른 제자 가운데 굶어죽은 이가 어디에 있었습니까? 법과 도를 따르면 업장이 저절로 녹아내리고, 밥과 돈은 물론이요 공부의 성취와 무한행복까지 저절로 찾아들게 되는 것입니다.

이제 법과 도로써 사는 부처님 제자들의 알뜰함에 관한 한 편의 이야기로 여운을 전합니다.

❀

부처님께서 제자들과 함께 구담미국에서 안거에 드셨을 때, 왕후인 파마제婆摩帝는 매일 정사로 가서 부처님과 제자들께 공양을 올렸습니다. 그리고 날마다 비구 한 사람씩을 궁전으로 초대하여 보시를 하였는데, 주로 아난다 존자가 그 공양에 응하였습니다.

안거가 끝나는 날, 파마제 왕후는 5백 벌의 옷을 아난다 존자에게 공양하였고, 아난다 존자는 이를 여러 비구들에게 나누어 주었습니다. 뒤늦게 이 소식을 들은 우전왕優塡王은 아난다 존자를 찾아가 물었습니다.

"출가 승려로써 너무 많은 공양을 받는 것은 지나친 욕심 때문이 아닌가? 그처럼 많은 옷을 어떻게 처리하였소?"

"옷이 헤어진 비구들에게 나누어 주었습니다."

"그럼 헤어진 옷은 무엇에 씁니까?"

"헤어진 옷은 좌상坐床의 덮개로 씁니다."

"좌상의 덮개가 낡으면 무엇에 씁니까?"

"베개 주머니로 씁니다."

"베개 주머니가 낡으면 어떻게 합니까?"

"자리 깔개로 씁니다."

"자리 깔개가 낡으면 무엇에 씁니까?"

"발수건으로 씁니다."

"낡은 발수건은 무엇에 씁니까?"

"청소하는 걸레로 씁니다."

"걸레가 낡으면 무엇에 씁니까?"

"대왕이여, 헤어진 걸레는 잘게 썬 다음 진흙과 반죽하여 벽을 바르는데 씁니다."

"아, 선재로다!"

우전왕은 감복을 하고 돌아갔습니다.　　　　　- 「잡아함경」

10. 모함과 분쟁을 뛰어넘어

모함과 비난에 대한 법문들

대자비와 대지혜의 부처님께서는 수많은 이들로부터 존경의 대상이 되었습니다. 하지만 일부 사람들, 특히 외도外道들에 의해 모함을 당하기도 하고 비난을 받기도 하였습니다. 때로는 공양조차 얻지 못하기도 하였습니다. 하지만 이러한 역경이 있을 때마다 부처님의 태도는 한결같았습니다.

❀

부처님께서는 교화를 시작한 지 얼마 지나지 않아 천 이백명이 넘는 제자를 아라한으로 만들고 굳건한 불교교단을 형성하게 되었습니다. 이어 왕사성王舍城에 있던 산자야의 제자 5백 명이 모두 불제자가 되자, 산자야는 분함을 참지 못해 피를 토하고 죽었습니다.

또한 상류가정의 자제들이 잇달아 출가하였으므로, 걱정을 한 왕사성의 사람들은 부처님을 '자식 빼앗아가는 존재'로 소문을 내었고, 부처님의 제자를 만나면 다음과 같은 노래를 불렀습니다.

왕사성에 한 사문이 나타나
산자야의 제자를 모조리 빼앗았다네
이 다음은 또 누구를 유혹할까

제자들로부터 이 일을 전해들은 부처님께서는 말씀하셨습니다.
"그와 같은 비난의 소리는 7일도 못 가서 사라지고 말 것이니, 동요하지 말고 정진하여라. 또 노래를 들으면 다음과 같이 대답하는 것이 좋으리라.

위대한 여래는 바른 법으로 이끄신다
법에 의해 인도되는 지혜로운 이들은
시기하는 마음이 털끝만큼도 없다네

제자들은 부처님의 가르침대로 따랐고, 과연 7일이 되자 거리에서는 비난의 소리가 자취도 없이 사라졌습니다.

뛰어나게 아름다운 마간디야는 브라흐만의 집안에서 태어났습니다. 그녀의 아버지는 딸의 미모에 걸맞게 세상에서 가장 빼어난 사내를 구하여 사위로 삼고자 하였습니다. 어느 날 탁발을 하고 있는 부처님의 빛나고 빼어난 모습을 본 그는 무릎을 쳤습니다.

'이 분이야말로 우리 딸의 배필감이다.'

그는 급히 집으로 돌아가 아내와 딸을 데리고 부처님의 뒤를 쫓아가 사위가 되어줄 것을 청했습니다.

"브라흐만이여, 나는 하늘아씨에게도 관심이 없소. 하물며 피·고름을 담아놓은 주머니와 함께 살라는 것이오? 애욕은 모든 괴로움의 근본입니다. 세속적인 애욕을 버리고 수행을 하는 것만이 길이 행복해지는 길입니다."

부처님께서 미소를 지으며 갖가지 법을 설하시자 부부는 감격하여 눈물을 흘리며 무례를 범한 것을 참회하였지만, 공작과같이 교만한 마간디야는 아름다운 자기의 몸을 '피·고름을 담은 주머니'라고 한데 대해 앙심을 품고, '언젠가는 보복하리라' 결심하였습니다.

마침내 그녀는 코오삼비국 우다나왕의 눈에 들어 후궁으로 발탁되었고, 아름다운 교태를 팔아 마침내 제일 왕후가 되었습니다.

그리고 부처님께서 코오삼비국으로 오셨을 때, 마간디야

왕후는 거리의 악한들에게 금전을 주고 매수하여, 부처님과 관련시켜 여러 가지 헛소문을 퍼뜨리도록 하였습니다.

비구들은 탁발을 하러 성 안으로 들어갈 때마다 부처님을 비난하는 소리를 들어야 했고, 그 험담의 정도는 귀담아 듣기가 민망할 정도였습니다. 참다 못한 아난다 존자는 부처님께 청했습니다.

"부처님이시여, 저희는 이곳에 머물기가 힘듭니다. 다른 마을로 옮겨가는 것이 좋을듯 하옵니다."

"아난다야, 다른 마을로 옮겨 갔을 때 그 마을에서도 비난이 일어난다면 어떻게 할 것이냐?"

"또 다른 마을로 옮겨 가옵지요."

"그렇게 하면 어디로 옮겨 가더라도 끝이 없는 법이다. 나는 비난을 하는 곳에서 진득히 그 비난을 받다가, 그 비난이 그친 뒤에 다른 곳으로 옮겨가는 것이 좋다고 생각한다. 아난다야, 여래는 이로움과 해로움, 비난과 칭찬, 성함과 쇠함, 즐거움과 괴로움, 이 여덟 가지 바람에 움직이지 않느니라. 이 비난도 7일을 지나면 저절로 없어질 것이니, 흔들리지 말지어다."

마침내 비난을 일삼던 악한들이 제풀에 지쳐 떨어지자 비난의 소리는 더이상 들지 않았고, 부처님을 믿는 사람은 더욱 많아지게 되었습니다.

부처님께서는 앞의 이야기를 통하여 한결같이 강조하신 것이 있습니다.

· 진실은 변하지 않고 헛된 것은 저절로 소멸되기 마련이다.
· 헛된 소문이나 비난에 동요하지 말라.
· 평소와 다름없이 정진하라.

바로 이것입니다. 불자라면 비난을 받고 모함을 당했을 때 부처님의 가르침대로 대처해야 합니다. 비난을 없애려고, 억울함을 밝히려고 논쟁을 전개하거나 정열을 쏟지 말아야 합니다. 오직 바른 법에 의지하여 본분에 충실하면 오히려 향상하고 힘이 더욱 커집니다.

반대로 비난을 쫓아가고 억울한 모함에 사무치면 그때부터 더 큰 불행에 휩싸이게 됩니다.

그렇다고 비난이나 모함을 피해 도망치라고는 하지 않습니다. 비난이 잠들 때까지 그 자리를 지키라고 하셨습니다.

실로 비난이 오는 것은 업보 때문입니다. 언젠가 부딪힌 좋지 않은 관계가 모함과 비난으로 등장하는 것입니다. 하지만 진실이 아닌 헛된 것은 저절로 사라지기 마련입니다. 지나갈 것은 그냥 지나가기 마련입니다. 그래서 부처님께서는 진득하게 비난을 바라보면서 비난이 스스로 잠들 때까지 기다려주셨습니다.

결코 피하려고 하지 않았습니다. 맞불도 놓지 않았습니다. 평소와 다름없이 행동하셨고, 제자들에게도 동요됨 없이 정진하라고 하셨습니다. 그렇게 하셨기 때문에 헛된 비난과 모함들이 곧 막을 내린 것입니다.

부처님은 여여如如하신 분입니다. 한결같은 분이기에 흔들림이 없습니다. 그래서 말씀하셨습니다.

"아난다야, 여래는 이로움과 해로움, 비난과 칭찬, 성함과 쇠함, 즐거움과 괴로움, 이 여덟 가지 바람에 움직이지 않느니라."

부처님께서는 어떠한 역경에도 흔들리지 않지만, 아무리 좋은 순경이 다가와도 동요되지 않습니다. 모든 번뇌망상을 멈추어[止] 부동不動의 자리에 계신 분입니다. 바로 이것입니다. 이것을 부처님께서는 비난과 모함에 휩싸인 제자들에게 깨우치고자 한 것입니다.

역경과 순경, 그리고 어떠한 상대적인 세계에서도 동요되지 않는 사람. 그리고 그 속에서 불이不二를 깨우쳐 여여如如의 경지에 이르는 사람. 부처님께서는 비난과 모함에 대한 대처법문을 통하여 이러한 불자가 되도록 인도하셨던 것입니다.

받지 않으면 누구의 것이 되는가

🌸

부처님께서 죽림정사에 계실 때의 일입니다. 어느 날 한 브라흐만이 몹시 화가 나서 찾아왔습니다. 자기의 친척이 부처님의 강압에 못이겨 출가하여 승려가 된 것으로 오해를 하였던 그는 온갖 추악하고 나쁜 말을 부처님께 퍼부었습니다.

욕설에다 비난과 저주까지, 분노에 찬 브라흐만은 정신없이 퍼부었고, 부처님께서는 조금도 흔들림 없는 표정으로 묵묵히 앉아만 계셨습니다. 한참동안 씩씩거리며 욕을 하던 브라흐만은 제풀에 지쳐 잠잠해졌습니다. 그제서야 부처님께서는 비로소 말문을 열었습니다.

"브라흐만이여, 그대의 집에도 간혹 찾아오는 손님이 있습니까?"

"물론이오."

잔뜩 골이 난 그가 퉁명스럽게 대답했습니다.

"손님에게 맛있고 좋은 음식을 대접할 때가 있습니까?"

"그렇소."

"만일 그대가 차려준 음식을 손님이 먹지 않는다면, 그 음식은 누구의 것이 됩니까?"

"먹지 않고 가면 당연히 모두가 내 것이지요."

"브라흐만이여, 그대는 오늘 여러 가지 나쁜 말과 욕으로 나를 대접하였소. 하지만 나는 그것을 받지 않았소. 그렇다면 그 욕과 비난은 누구의 것이 되겠습니까?"

이 말씀을 듣고 문득 깨달은 브라흐만은 부처님께 정중히 절하며 사과하였고, 얼마 뒤 가족들 모두를 데려와 부처님의 제자가 되었습니다.

❧

브라흐만의 욕설과 비방과 저주는 결국 누구에게로 돌아갔습니까? 하늘을 향해 침을 뱉으면 떨어질 곳이 어디이며, 역풍에 독가루를 날리면 어디로 귀착하겠습니까? 오직 본인에게로 돌아갈 뿐입니다.

인생살이에서 두려워해야 할 것은 남의 비난이나 모함이 아닙니다. '되돌아가는 곳'을 알지 못하는 것을 두려워해야 합니다. 되돌아가는 곳을 아는 사람은 절대로 남을 욕보이지 않습니다. 비난을 퍼붓거나 모함하지 않습니다.

만약 지금 억울한 비난과 모함을 당하고 있는 이가 있다면 이제까지 살펴본 부처님의 법문을 다시금 새겨보십시오. 그리하여 마음의 동요를 멈추고 제자리로 돌아오십시오.

내가 동요를 멈추고 제자리로 돌아가면 모든 것이 다 제자리로 돌아갑니다. 비난도 모함도 시비도 오해도 모두 사라진 적정寂靜과 행복의 자리에 이르게 됩니다.

분쟁의 근원이 무엇이더냐

앞에서는 모함·비난·욕 등에 대한 부처님의 대처방법을 살펴보았습니다. 그럼 구체적인 분쟁이 일어났을 때 부처님께 서는 어떠한 행동을 보여주셨고, 어떠한 교훈을 내렸는가? 이 제 이와 관련된 일들을 통하여, 분쟁에 휘말릴 때 과연 어떠한 자세를 취해야 할 것인가를 새겨보고자 합니다. 먼저 유명한 '물싸움' 이야기부터 하겠습니다.

❀

부처님이 성불하신지 몇 년이 지났을 때의 일입니다. 부처 님의 고향인 카필라의 동쪽에는 로히니강이 흐르고 있었고, 강 건너에는 코올리국이 있었습니다. 그 나라에는 코올리족이 살고 있었는데, 그들 역시 석가족의 일족으로서 카필라성의 석가족과 혼인관계를 맺은 것으로 널리 알려져 있습니다. 부 처님의 어머니인 마야부인과 태자 시절의 비인 야소다라도 코올리족이었습니다.

문제의 발단은 양쪽 나라를 끼고 있는 로히니강의 둑에서 시작되었습니다. 가뭄이 계속된 어느 해 여름, 곡식이 타들어 가기 시작하자 양국의 농민들은 강둑에 서서 어떻게 물을 끌 어들일까를 궁리하고 있었습니다. 그때 코올리국의 한 청년이 외쳤습니다.

"어어이, 이 강물을 양쪽 나라가 함께 사용하면 두 나라 곡식이 모두 말라죽을 것이다. 물은 우리 쪽에서만 쓸 테니 모두 이리로 보내라."

"웃기는 소리 하지 마라. 너희들만 물을 쓰면 우리는 어떻게 하란 말이냐? 가을이 되어 금은보화를 짊어지고 너희 나라로 가서, 곡식을 나눠달라며 사정이라도 하란 말이냐? 어림없다. 강물은 이쪽에서 모두 끌어들여야 해!"

이렇게 서로 물줄기를 자기 나라 쪽으로 끌어들여야 한다며 다투었고, 차츰 감정이 격해지자 욕설이 오가기 시작했습니다.

"개새끼들처럼 자기네 누이나 동생들과 동침하는 카필라 놈들아! 한번 붙어 볼 테냐?"

"대추나무에 둥지를 틀고 사는 코올리 족속들아! 쳐들어올 테면 쳐들어와봐라. 단번에 작살을 내버릴 테다."

마침내 양국의 농민들은 그들을 관할하는 관리들에게 도저히 용납할 수 없는 허물을 만들어 보고하였고, 관리들은 들은 대로 정부에 보고했습니다. 이 사실이 온 나라로 전해지자 석가족들은 흥분했습니다.

"누이나 동생과 동침하는 사나이의 주먹맛을 보여주자."

코올리족도 마찬가지였습니다.

"대추나무에 둥지를 치고 있는 사나이의 솜씨를 보여주자."

마침내 두 나라는 전쟁 직전의 험악한 상태에 이르렀습니다. 이때 부처님께서는 카필라의 교외에 있는 대림大林에 머물러 계시다가 이 위기를 관觀하였습니다. 그리고 홀로 공중을 날아, 로히니강의 상공에서 좌선坐禪을 하는 모습을 나타내었습니다. 두 나라의 왕은 부처님의 불가사의한 모습을 보자 무기를 버리고 예배하였습니다.

"왕이여, 이것은 무엇을 위한 싸움입니까?"

"저는 모릅니다."

"그럼 누가 알고 있습니까?"

"아마 장군이 알고 있을 것입니다."

그러나 장군도 정확한 원인을 알지 못했습니다. 지사知事도 알지 못했습니다. 이렇게 차례로 물어가다가, 마지막으로 농민들에게 물어보니 물 때문이라는 것이었습니다. 모든 사람이 전쟁의 원인을 알게 되자 부처님이 물었습니다.

"왕이여, 물과 사람 중 무엇이 더 소중합니까?"

"물보다는 사람이 훨씬 중요하지요."

"그런데 왜 물 때문에 훨씬 소중한 목숨을 버리려 하십니까? 그것도 전투를 하는 이유조차 분명히 모르는 싸움을!"

양국의 왕은 부처님의 이 말씀에 정신을 차렸습니다.

"만약 부처님이 오시지 않았더라면 우리는 서로를 죽여 피의 강을 이루었을 것입니다. 부처님! 감사합니다."

⚥

싸움의 발단은 큰 것이 아니었습니다. 사소하게 시작된 말

한마디가 피바다 직전의 상태에까지 몰고 간 것입니다. 그러나 어느 누구도 분쟁의 근원을 찾고자 하지 않고 시시비비만을 키워갔습니다. 자꾸자꾸 투쟁심만을 불러 일으키고, 싸우는 쪽으로 일을 만들어 갔던 것입니다.

인류 역사를 뒤돌아보면, 뚜렷한 이유도 없이 전쟁과 같은 큰 소용돌이에 빠져들어, 수많은 인명을 살상하고 모두가 큰 피해를 입는 불행한 사건이 수도 없이 일어났습니다. 왜 이렇게 평화와 화합보다는 분쟁과 시비 쪽으로 흘러가는 것일까요?

곰곰이 생각해보면 인간의 아상我相과 욕심 때문입니다. '내노라' 하는 생각, '내가 잘났다'는 생각, 이기심·자존심 때문에 '너'를 이기려고 하는 것입니다. 그리고 혼자의 힘으로 되지 않을 때, 군중심리를 이용하여 '나'에 대한 애착과 '우리'의 자존심을 자극하고, 마침내 투쟁의 길로 들어서는 것입니다.

이것이 중생의 삶입니다. '나'를 중심으로 삼아 인연의 물길 따라 자꾸자꾸 흘러내려가는 것이 중생입니다. 흘러내려가는 일에만 집착하여 마침내는 그 흐름의 근원까지도 잊어버리는 어리석은 존재가 중생입니다.

그러나 부처님은 어떻게 하셨습니까? 물길 따라 흘러내려가지 않으셨습니다. 오히려 분쟁의 근원을 찾았습니다. 시시비비 이전에 시비의 근원이 무엇인가를 되물었습니다. 그리하여 참으로 중요한 것이 무엇인지를 깨우쳐, 모든 분쟁을 멈추게 하였습니다.

이것을 우리는 배워야 합니다. 흐름 따라 정신없이 내려가는 삶이 아니라, 언제나 근원을 돌아보고 근원으로 돌아가, 분쟁을 멈추고 마음의 평화를 되찾을 수 있어야 하는 것입니다.

비구들의 불협화음

분쟁은 세속에만 있는 것이 아닙니다. 출세간의 집단인 승단僧團에서도 가끔씩은 분쟁이 일어나 속인들까지 당황스럽게 만드는데, 이러한 불협화음이 부처님 당시에도 있었습니다.

❁

부처님께서 코오삼비에 계실 때의 일입니다. 한 비구가 행한 행위에 대해 당사자는 계율을 위반한 것이 아니라고 생각하고 있었는데, 몇몇 비구들은 '파계를 하였으니 처벌을 받아야 한다' 고 주장하였습니다. 이 일로 인해 비구들은 두 파로 갈라져 다투면서 어느 쪽도 양보를 하지 않았습니다. 그리고 두 무리들은 서로를 비방하고 서로의 허물을 꼬집으면서, 꾸짖고 욕설까지 하였습니다. 이를 전해들은 부처님께서는 걱정을 하셨습니다.

"마침내 어리석은 자들이 교단의 평화를 깨뜨리는구나."

부처님께서는 곧바로 유죄를 주장하는 비구들이 있는 곳으로 가서 타일렀습니다.

"비구들이여, 오직 자기들이 그렇게 생각한다는 이유만으로 교단이 분열될 염려가 있을 때에는, 죄의 유무를 결정함에 있어 신중을 기하지 않으면 안 된다. 하물며 그 비구가 오랫동안 수행하여 교리에 밝고 계율을 잘 알며 도 닦는 마음이 견고한 사람일 경우에는 더욱 그러하다."

부처님께서는 다시 죄를 범했다고 지목된 비구를 옹호하고 있는 무리를 찾아가 타일렀습니다.

"비구들이여, 자기가 죄를 범했으면서도 반성하지 않고, '나는 죄가 없다. 참회할 필요가 없다'고 생각하여서는 아니 된다. 만일 죄를 범한 것이 아니라 할지라도 믿을만한 비구들이 유죄라고 하면, 교단의 화합을 위해서라도 그 죄를 인정하고 대중의 법에 순종해야 하느니라."

부처님께서 이와 같이 타일렀는데도 양쪽의 비구들은 따르지 않았을 뿐 아니라 교단의 행사까지 따로따로 하였습니다.

원래 불교교단에서는 같은 지역에 사는 모든 비구들이 매달 일정한 날에 모여 포살법회布薩法會를 열어, 법에 어긋난 일을 한 비구들이 자발적으로 참회를 하고 처벌을 받도록 되어 있습니다. 그런데 코오삼비 비구들은 두 파로 분열되어 포살을 비롯한 승단의 행사를 따로 행하였던 것입니다.

사태는 나날이 악화되어, 양쪽 비구들이 식당 등지에서 마주칠 때면 시끄럽게 말다툼을 하였고, 마침내는 가벼운 물리적 충돌까지 생겨났습니다. 사태를 그들끼리 수습할 수 없게 되자, 한 비구가 부처님께 중재해 주시기를 간청했습니다. 부처님께서는 그들을 불러 모아 말씀하셨습니다.

"비구들이여, 대중이 화합하지 못할 때에는 더욱 각자의 행동을 삼가해야 한다. 법답지 못하고 친절하지 못한 일이 있을 때에는 서로가 참으면서, 부드러운 마음으로 법답고 친절한 일을 행하도록 노력해야 한다. 그리고 한 자리에 함께 앉아 물과 젖이 합한 것과 같이하고, 다 같이 부처님의 법을 배워 안락하게 공부하고 이익을 더해야 하느니라. 비구들이여, 싸움을 그만두라. 논쟁하지 말고 다투지 말라. 더 이상 불화의 분위기가 계속되어서는 안 된다."

부처님께서는 간절히 말씀하셨지만, 법답지 못한 비구들은 오히려 무엄하게 말했습니다.

"부처님께서는 법왕法王이시니 그저 가만히 계십시오. 이 다툼은 저희들끼리 처리할 것이니 걱정 마십시오."

부처님께서는 '원한은 원한에 의해 풀어지지 않는다. 원한은 그 원한을 버림으로써만 풀어지는 법이다.'는 명언으로 널리 알려진 장수왕의 이야기를 들려주시며 거듭 화합을 호소하였지만, 그들은 끝내 말을 듣지 않았습니다.

"이렇게 형상形相에 마음이 팔린 어리석은 자들은 어찌할 수가 없다."

마침내 부처님께서는 가르치던 대중과 공양을 올리던 신도들에게 아무런 말씀도 남기지 않고 훌쩍 사위성의 기원정사로 향했습니다. 도중에 홀로 수행하고 있는 브라구를 만났고, 파리야사라숲에서는 아나율·난디야·금비라가 서로 돕고 격려하면서 열심히 수행하는 것을 보고 기뻐하시며 법을 설하셨습니다. 그리고 무리에서 벗어나 고독을 즐기고 있는 코끼리 왕을 같은 처지처럼 느끼며 게송을 읊었습니다.

사람 중의 용과 코끼리 중의 왕이
같은 생각으로 숲 속에서 고독을 즐기네

마침내 기원정사에 도착한 부처님은 조용한 동산의 숲 속으로 들어가 홀로 선정을 즐기셨습니다.

한편, 코오삼비의 신도들은 아무런 말씀도 없이 부처님께서 기원정사로 가신 데 대해 매우 섭섭해 했습니다. 그리고 그 까닭이 비구들의 싸움 때문임을 알고 회의를 열어 결의를 했습니다.

"오늘부터 우리는 이 코오삼비에 있는 비구들에게 공양을 올리지 말자. 예배도 드리지 말고 대화도 하지 말자."

싸우던 코오삼비 비구들은 공양을 받을 수 없게 되었을 뿐 아니라, 따가운 눈총까지 받게 되었습니다. 상황이 어려워지자 고집스런 비구들도 결국에는 사위성으로 가서 부처님께 용서를 구하기로 하였습니다. 그때 사리불 존자가 이 사실을 알리면서 어떻게 처신해야 되는지를 여쭈었습니다.

"법法과 비법非法에 따라 판단을 내려라."

그리고 기원정사의 비구들에게는 "양쪽 말을 잘 듣고 바른 의견을 채택하라"고 하셨으며, 수닷타 장자 등의 신도들에게는 "양쪽에 다 보시를 하고 양쪽의 설법을 듣되, 바른 가르침을 명심하라" 고 하셨습니다.

코오삼비 비구들이 기원정사에 도착하자 사리불은 부처님의 뜻을 받들어 모든 비구에게 옷과 음식을 똑같이 공양하였습니다.

마침내 이 분쟁의 원인을 제공한 비구는 반성을 하였고, 자기가 계를 범한 사실을 깨달았습니다. 그는 곧 지금까지 자기를 지지해 준 동료들에게 가서 '내가 나빴다'고 사과하였고, 동료들은 문제의 비구를 부처님께 데리고 가서 처분을 바랐습니다.

부처님께서는 규정대로 회의를 열고 유죄선고를 내렸으며, 그 비구의 동료들은 반대파가 있는 곳으로 가서 경과를 이야기하고 화해를 청했습니다. 자연 교단의 불화는 말끔히 사라졌고, 다시 온전한 화합승가和合僧家가 되었습니다.

교단의 화합을 깨뜨리는 무리를 파승破僧 또는 파화합승破和
合僧이라고 하는데, 이렇게 교단을 분열시키는 것을 최대의 죄
악인 오역죄五逆罪의 하나로 꼽고 있습니다.

이 사건이 일어났을 때 부처님께서는 설하셨습니다.

"계율은 교단의 화합을 도모하고 대중이 안락하게 수도할
수 있도록 하기 위한 것이다. 오히려 중요한 계율이 아닌 소소
한 계율들에 대한 시비로 교단의 화합과 수도에 장애를 일으
켜서는 안 된다. 소소한 계율을 고집하여 범하고 범하지 않았
음을 밝히겠다며 분쟁을 일삼아서는 아니 된다."

나아가 부처님께서는 교단의 화합을 위한 가장 기본적인 덕
목인 육화경六和敬을 일러주셨습니다.

① 몸으로 화합하여 함께 머물러라[身和共住]
② 입으로 화합하여 다투지 말라[口和無諍]
③ 뜻으로 화합하여 함께 일 하라[意和同事]
④ 계율로 화합하여 함께 닦아라[戒和同修]
⑤ 정견으로 화합하여 함께 깨달아라[見和同解]
⑥ 이익으로 화합하여 균등히 나누어라[利和同均]

시시비비와 분쟁에 대한 부처님의 이 화합법문들은 그 후
불교 교단의 분열이 있을 때마다 교단을 원상태로 돌려놓는

기준이 되었습니다. 스스로가 죄 없다고 고집을 부릴 일이 아닙니다. 만약 '나'의 주장과 고집이 교단의 분열을 조장한다면 이는 곧 파화합破和合의 죄를 범하는 것이 됩니다.

파화합! 우리가 승가의 화합을 깨뜨린다면 불자가 아닙니다. 조그마한 시비라도 있을 때에는 부처님의 가르침에 준해 '법과 비법非法'을 가리고, 화합의 법문에 따라 행동하여 시비를 씻은 듯이 없애야 합니다. 그리고 사부대중들은 종단 안의 어떤 불협화음에 대해서도 동요하지 말고 육화경을 실천해야 합니다.

불자들 사이의 분규는 곧 교단의 분열을 뜻하며, 그것은 부처님을 욕되게 하는 일입니다. 자식의 잘못은 부모의 허물이 된다는 사실을 명심하면서, 불자의 본분을 지키며 열심히 정진해야 할 것입니다.

11. 인연법 속의 고난과 평화

고난이 없는 곳은

우리 인간은 고난 자체를 싫어합니다. '나' 에게만은 고난이 미치지 않기를 희망합니다. 그러나 고난들은 끊임없이 찾아듭니다. 큰 바다의 파도처럼, 겨울철의 찬바람처럼 우리를 찾아와 방황하게 하고 온 몸을 떨게 합니다. 우리가 피해가는 것보다 더 빨리 다가와서 고난을 던져주는 경우가 많습니다.

이렇기 때문에 고난이 닥쳐왔을 때 우리가 취할 수 있는 운신運身의 폭, 선택의 폭은 너무나 좁습니다. 과연 깊은 고난의 수렁에 빠졌을 때 우리는 어떻게 해야 하는가?

✿

부처님 당시에 고타미(한문으로 喬答彌) 라는 여인이 있었고, 그녀의 첫 아기는 태어난지 1년여 만에 병으로 죽었습니다.

비탄에 빠진 그녀는 아기의 시신을 끌어안고 거리를 헤매며 사람들에게 매달렸습니다.

"우리 아기를 살려 주십시오. 우리 아기를 살릴 수 있는 약을 주십시오."

실성하다시피한 그녀는 이 마을 저 마을을 돌아다니며 만나는 사람마다 붙잡고 애원했습니다. 어떤 사람은 그녀를 동정하였고, 어떤 사람은 그녀를 무시했습니다. 또 어떤 사람은 미쳤다고 했습니다.

하지만 그녀는 죽은 아기를 살리겠다는 염원 하나로 사람들에게 호소를 하였고, 사람들은 그 가여운 여인에게 마지못해 말했습니다.

"아마 부처님이라면 죽은 사람을 살려내는 기적을 일으킬 수 있을지도 모르지. 부처님을 찾아가 보시오."

마침내 부처님을 찾아간 고타미는 부처님의 발 밑에 아기의 시신을 보이며 애원했습니다.

"부처님, 제발 이 아기를 살려주십시오. 하나밖에 없는 이 자식을 혼자 몸으로 금지옥엽처럼 키웠는데 그만 죽고 말았습니다. 부디 우리 아기를 살릴 수 있는 약을 주십시오."

자비심으로 귀를 기울였던 부처님께서는 부드럽게 말했습니다.

"오, 가엾도다. 지금 마을로 내려가 해가 지기 전까지 한 번도 사람이 죽지 않은 집안의 겨자씨를 하나만 얻어 오시오. 겨자씨를 얻어오면 아기를 살릴 수 있는 약을 주리다."

여인은 아기를 살릴 수 있게 해준다는 말에 귀가 번쩍 뜨여, 단숨에 마을로 내려가 첫번째 집을 찾았습니다.

"이 집안에서 사람이 죽은 일이 있습니까?"

"있다마다요. 부모님은 다 돌아가셨고, 몇년 전에는 전염병으로 귀여운 자식을 잃었습니다."

여인은 옆집을 찾았습니다.

"댁에 사람이 죽은 적이 있습니까?"

"물론이요. 이전은 말할 것도 없고 작년에 형님 내외분이 괴질로 세상을 떠났습니다."

세번째와 네번째 집도 마찬가지였고, 종일토록 이 집에서 저 집으로 이 마을에서 저 마을로 헤매었건만, 그녀는 사람이 죽지 않은 집을 한 집도 찾을 수 없었습니다. 마침내 겨자씨를 얻지 못하였지만 그녀는 깨달았습니다.

'아, 태어나면 반드시 죽게 마련이구나. 어찌 내 아기만 예외일 수 있으리!'

무상의 이치를 절감한 그녀는 화장터로 가서 아기의 시신과 고별하고 다시 부처님을 찾았습니다.

"여인이여, 겨자씨를 가져왔습니까?"

"아닙니다. 사람이 죽지 않은 집안을 찾을 수 없었기에 겨자씨도 구하지 못했습니다. 하오나 부처님께서 저에게 겨자씨를 얻어오라고 하신 까닭은 알았습니다. 자식을 잃은 비통함 때문에 눈이 멀어, 저 하나만 죽음의 손아귀에서 신음한다고 착각을 했습니다."

"그런데 여인이여, 왜 다시 나를 찾아온 것이오?"

"죽음이 무엇이며, 죽음 뒤에는 무엇이 있는가? 죽지 않는 법은 없는가에 대한 가르침을 구하고자 왔습니다."

"여인이여, 그대가 삶과 죽음의 진리를 알고자 한다면 한 가지 변치 않는 법칙에 대해 숙고해야 합니다. 그 법칙은 제행무상諸行無常. 모든 것은 변한다, 모든 것은 덧없다는 것입니다. 그대는 아기의 죽음을 통하여 우리가 살고 있는 이 세계가 무상하고 괴로움이 가득한 세계임을 알게 되었습니다. 무상을 통해 고난을 체험한 그대는 이제 해탈법을 배울 준비가 되었습니다. 그대의 마음은 진리를 향해 열려 있습니다. 나는 그대에게 해탈법을 보여줄 것입니다."

고타미는 이 말씀을 듣고 깨달음을 얻어 출가했습니다. 그리고 비구니 가운데 부처님의 대표적인 큰 제자가 되어 삶의 마지막 순간까지 부처님을 따랐습니다.

❧

여인 고타미의 이야기는 몇 가지 삶의 지침을 깨우쳐주고 있습니다.

① 제행무상은 우주와 인생의 대법칙이라는 것
② 고난이 나만의 일이라고 착각하면 안된다는 것

③ 고난을 잘 받아들일 때 깨달음을 얻고 보다 향상된 삶을 살
　 수 있게 된다는 것

등입니다.

난치병·사고·파산·실직·죽음 등의 고난이 닥쳐왔을
때, 우리는 '왜 하필이면 나 또는 우리 가족에게 이와 같은 일
이 생기는가' 하며 슬픔에 젖어듭니다. 그리고 스스로 또는 누
군가를 원망하고, 다가선 무상살귀無常殺鬼를 외면하려 합니
다.

그러나 그와 같은 슬픔과 원망과 회피는 해결의 요인이 되
지 못합니다. 오히려 고난을 깊이 느낄수록 고난과 정면으로
맞서, 고난을 긍정하고 고난을 기꺼이 받아들여야 합니다. 실
지로 찾아든 고난도 무상하기 때문에 바뀔 수 있고, 바뀔 수
있기 때문에 그 고난을 극복할 수 있습니다.

흔히들 '무상無常'이라고 하면 늙음·병듦·죽음 등과 같
은 비극적인 변화를 연상하는 경우가 많지만, 무상이라는 단
어는 나쁜 변화뿐 아니라 좋게 전개되는 것까지 포함하고 있
습니다. 무상하기 때문에 슬픈 일도 생기지만, 무상하기 때문
에 불행을 행복으로 돌려놓을 수도 있는 것입니다.

그러므로 무엇보다 먼저 고난이 '나'에게만 찾아오는 것
이 아니라는 것을 알고, 찾아온 고난을 긍정해야 합니다. 그
리고 이제까지의 '고난 없기를' 바랐던 마음부터 바꾸어야 합

니다. "세상살이에 고난 없기를 바라지 말라." 이것이 바로 고난 극복의 첫걸음입니다.

주위를 둘러보십시오. 이 세상을 둘러보십시오. 고난 없이 사는 이가 어디에 있습니까? 마음대로 하고 사는 이가 어디에 있습니까? 우리가 남에게 관심 없고, 남이 나에게 자신의 고난을 말하지 않아 모를 뿐, 고난 없이 사는 이는 아무도 없습니다.

우리가 그토록 존경하는 부처님께도 고난은 있었습니다. '9뇌九惱'라 하여 아홉 번이나 있었습니다. 다만 부처님과 우리의 다른 점은 다가온 고난을 기꺼이 받아들이고 그 고난 속에서도 평화로움을 잃지 않았다는 것입니다.

데바닷타의 반역

❀

부처님께서 성도하신 지 10년 가량 지나 일어났던 코오삼비 비구의 분열 이후, 부처님의 전도는 매우 순조롭게 진행되었습니다. 모든 물들이 마침내 바다로 흘러 들어가는 것과 같이 대부분의 사람들이 부처님의 가르침에 귀의했다고 전해질 정도였습니다. 부처님의 원만 무결한 덕德이 모든 것을 감싸안고 깨우쳤기 때문입니다.

부처님은 세상과 다투지 않았습니다. 크고 높은 곳에서 세상을 바라다보고 세상을 받아들이고 세상을 품고 사셨습니다. 그런데 부처님의 만년에 이르러 부처님과 불교교단에 중대한 사건이 발생하게 됩니다. 그것은 데바닷타의 반역입니다.

데바닷타는 아난존자의 형이라는 설과 아쇼다라의 동생이라는 설이 있으며, 학계에서는 후자 쪽에 더 비중을 두고 있습니다. 그는 부처님의 근친近親이요 명문 출신이며, 위풍당당하면서도 잘생기고 착실하였으므로 출가 전에는 사람들의 신망을 두터이 받고 있었습니다.

데바닷다는 우바리·아난 등 석가족의 여러 형제들과 함께 출가하여 부처님의 제자가 되었지만, 올바른 수행은커녕, 날이 갈수록 나태함에 빠져들었습니다. 그러면서도 그는 모든 사람들로부터 부처님과 다름없는 존경을 받고 싶어 하였습니다.

그 당시 마가다국의 왕은 독실한 불교신자인 빔비사라였으며, 태자는 아자타삿투였습니다. 아자타삿투는 데바닷타의 꾐에 빠져 부왕 빔비사라를 옥에 가두고 스스로 왕의 자리에 올랐으며, 데바닷타는 아자타삿투왕의 두터운 신임과 후원을 업고 부처님의 교단을 빼앗을 궁리를 하였습니다. 자신은 법왕法王이 되고 아자타삿투왕은 국왕이 되어, 둘의 힘으로 천하를 다스리고자 하는 야심을 품었던 것입니다.

데바닷타는 사람들로부터 수행자로서의 존경을 받기 위해 5 개조항을 선포했습니다.

① 죽을 때까지 숲 속에서 살 것
② 죽을 때까지 걸식만 하며, 초대를 받아 포식하지 말 것
③ 죽을 때까지 누더기를 기워 입고, 남이 주는 시의施衣를 입지 말 것
④ 죽을 때까지 나무 밑에서 살고, 지붕 밑으로 들어가지 말 것
⑤ 죽을 때까지 어육魚肉을 먹지 말 것

그는 이를 철저하게 지키면서 지지자들을 모았습니다. 그리고 그 세력이 커지자, 그를 따르는 무리들과 부처님을 찾아가 무례한 제의를 했습니다.

"부처님께서는 이제 너무 연로하신데다가 건강도 좋지 않으십니다. 그러니 교단을 저에게 맡기시고 편히 쉬시는 것이 좋을 듯합니다."

데바닷타의 사람됨을 잘 아는 부처님께서는 이렇게 말씀하셨습니다.

"데바닷타여, 잘 들어라. 나는 아직 누구에게도 교단을 맡기려고 생각한 적이 없다. 설령 다른 이에게 맡긴다고 하더라도 여기 사리불이나 목건련과 같은 총명하고 뛰어난 제자들이 있지 않느냐. 너는 어찌하여 스스로 교단을 맡겠다고 나서느

냐?"

부처님께서는 여러 사람들 앞에서 분명하게 데바닷타의 요구를 거절하셨습니다. 그러자 반성을 하기는커녕 여러 사람들 앞에서 망신당한 것을 분하게 여긴 그는 아자타샷투왕을 충동질하여 부처님을 죽이려는 무서운 음모를 꾸몄습니다. 그리고는 칼을 잘 쓰는 자객을 부처님께 보냈습니다.

그러나 부처님을 살해할 목적으로 그 옆에까지 간 자객은 몸이 떨리기만 할 뿐 꼼짝할 수조차 없었습니다. 이 모습을 보신 부처님께서 물었습니다.

"어찌하여 그렇게 떨고만 있느냐?"

자객은 모든 사실을 털어놓고 부처님 앞에 엎드려 용서를 빌었으며, 부처님의 용서를 받은 그는 출가하여 부처님의 충실한 제자가 되었습니다.

얼마 뒤 부처님께서 영축산에서 내려오시는 날, 부처님을 해치기 위해 벼랑 위에 숨어 있던 데바닷타는 부처님께서 그 아래를 지나가시는 순간 커다란 바위들을 굴려 떨어뜨렸습니다. 하지만 정확하게 겨냥하였음에도 불구하고, 바위들은 몇 번 구르다가 좁은 골짜기에서 멈추고 말았습니다.

제자들이 부처님 둘레를 감싸자 부처님께서는 태연히 말씀하였습니다.

"여래는 폭력에 의하여 목숨을 잃는 법이 없다."

그리고는 다시 태연히 길을 가셨습니다. 두 차례의 살해음모가 모두 실패하자 데바닷타는 부처님께서 지나시는 길에 성질이 몹시 사나운 코끼리를 풀어놓았습니다. 그러나 미친 듯이 날뛰던 코끼리까지도 부처님 앞에 이르자, 코를 아래로 늘어뜨리고 꿇어앉는 것이었습니다.

멀리서 데바닷타와 함께 이 광경을 지켜보던 아자타삿투왕의 마음에는 큰 변화가 일기 시작했습니다. 부처님을 해치려는 데바닷타의 꾐에 빠져 부왕을 옥에 가둔 것이 큰 잘못이었음을 마침내 깨달은 것입니다. 아자타삿투왕은 데바닷다의 왕궁 출입을 금하고, 부처님을 찾아가 설법을 듣기 시작했습니다.

그 뒤 데바닷타는 왕궁으로 아자타삿투왕을 만나러 갔다가 문전에서 쫓겨났습니다. 하는 수 없이 돌아서는 길에 연화색 비구니를 만났는데, 연화색은 그를 호되게 꾸짖었습니다.

"부처님을 해치려고 하는 일이 얼마나 무서운 과보를 받게 되는 끔찍한 일인 줄을 알고 있느냐?"

그 순간 머리끝까지 화가 치민 데바닷타는 연화색 비구니를 주먹으로 때려 죽이고 말았습니다.

마침내 치미는 분노와 시기심을 이기지 못한 그는 열 손가락에다 독을 바르고 부처님이 계신 곳으로 갔습니다. 데바닷타가 부처님께 가까이 다가가 손가락으로 부처님의 얼굴을 할퀴려는 순간이었습니다. 밟고 있던 땅이 갑자기 갈라져 그는 끝없는 어둠 속으로 빠져들고 말았습니다.

부처님께서는 데바닷타를 끝없는 용서로만 대했습니다. 하지만 데바닷타의 악행은 끝이 없었습니다. 부처님에 대한 시기·질투와 불교교단의 제일인자가 되겠다는 야망의 불길은 꺼질 줄을 몰랐습니다. 결국 데바닷타는 스스로가 만든 지옥의 불길 속으로 빨려 들어갔고, 불교 교단은 원래대로 돌아갔습니다.

역경 속의 부처님! 역경 속의 부처님은 참으로 위대한 분이셨습니다. 부처님을 따르는 국왕들을 시켜 데바닷타를 응징할 수도 있었고, 신통력을 일으켜 데바닷타를 제어할 수도 있었습니다. 하지만 부처님은 그렇게 하지 않았습니다.

그렇다면 시기하고 질투하고 발악하는 데바닷타에 대한 부처님의 대응은 어떠한 것이었습니까? 그냥 놓아두는 것이었습니다. 구제할 수 없는 자, 깨어나고자 하는 의지가 조금도 없는, 어찌할 수 없는 자에게는 무심을 쓰는 것입니다.

부처님께서는 말을 길들이는 조마사調馬師의 우두머리가 찾아오자 질문했습니다.

"말을 길들이는 데는 몇 가지 방법이 있느냐?"

"세 가지 방법이 있습니다. 유연柔軟·강경强硬, 그리고 유연함과 강경함을 함께 쓰는 유연강경책柔軟强硬策입니다."

"만약 세 가지 방법으로도 길들일 수 없을 때는 어떻게 하느냐?"

"죽입니다."

조마사는 명료하게 대답한 다음 부처님께 여쭈었습니다.

"부처님께서는 중생들을 교화할 때 어떤 방법을 취하십니까?"

"유연·강경·유연강경이니라."

"그래도 안 되면 어떻게 하십니까?"

"죽이느니라."

"부처님께서는 살생을 금하지 않으십니까?"

"물론 그러하다. 내가 죽인다고 한 것은 살생이 아니다. 여래는 '유연·강경·유연강경'으로 교화할 수 없는 사람과는 함께 이야기하지도 않고 가르치지도 않고 징계하지도 않는다. 이렇게 이야기하지도 않고 가르치지도 않고 징계하지도 않는 것을 나는 '죽인다'고 하느니라."

❧

이 대화 그대로, 부처님께서는 끝까지 마음을 바꿀 줄 모르는 데바닷다에 대해 죽음을 내렸습니다. 목숨을 빼앗는 죽음이 아니라 무심無心을 쓴 것입니다.

무심! 무심은 마음을 비우는 것입니다. 분쟁이 생겨나고 장애가 찾아들 때 '나'의 부질없는 욕심·이기심·증오심·자존심을 버릴 줄 알아야 합니다. 그리고 그 빈 마음에다 화합의 씨를 심고 행복의 씨를 심어야 합니다. 그렇게만 하면, 부처님의 자비광명은 반드시 우리에게 미칩니다. 그 자비광명은 따뜻한 볕이 되어 평화의 씨를 싹틔우고, 마침내는 해탈의 결실을 맺게 하는 것입니다.

고난 속의 평화! 우리 불자들은 부처님의 가르침을 통하여 이것을 찾고 이것을 얻어야 합니다. 그리고 언제나 마음의 평온을 잃지 않고자 애를 써야 합니다. 이제 부처님께서 가장 애석하게 여겼던 카필라국의 멸망에 대해 함께 음미하면서, 고난의 인연법에 대한 우리의 자세를 다시 한 번 가다듬어 봅시다.

카필라국의 멸망

✿

부처님 당시, 인도에는 17대국이 있었습니다. 그 중에서 가장 큰 나라는 마갈타국이었고, 두 번째 큰 나라가 코살라국이었습니다. 그리고 부처님의 출생국인 카필라국은 두 번째 대국인 코살라국에 매여 있다시피 할 정도의 작은 나라에 불과했습니다.

코살라국의 파사익왕은 카필라국의 왕족인 마하남摩訶男의 딸이 매우 출중한 미모를 지녔다는 소문을 듣고, 후궁으로 맞아들이기 위해 중매인을 보내 청혼했습니다.

하지만 석가족은 이 청혼을 매우 싫어했습니다. 비록 국력이 코살라국에 미치지는 못하지만, 종족 자체만은 코살라국의 왕족보다 우월하다고 생각하는 선민관념選民觀念이 있었기 때문입니다.

그렇지만 코살라국의 막강한 국력 때문에 무조건 거절할 수도 없었습니다. 마하남은 고심 끝에 하녀의 딸 중에서 용모가 아주 빼어난 여인을 자신의 딸처럼 꾸며 파사익왕의 후궁으로 보냈습니다.

그리고 마침내, 석가족의 왕녀로 가장한 하녀의 몸에서 유리왕자가 탄생하였고, 여덟 살이 된 유리왕자는 활 쏘는 법을 배우기 위해 외가인 카필라국으로 왔습니다.

때마침 카필라국에서는 성도成道 후 6년 만에 고향으로 돌아오는 부처님과 제자들을 맞이하기 위해 아주 훌륭한 누각을 세우고 자리를 화려하게 꾸몄습니다. 유리왕자는 자기 나라에서도 보지 못한 화려한 누각을 보고 호기심이 생겨, 누각 위로 뛰어올라가 제일 좋은 자리에 앉았습니다. 그러자 석가족의 아이들이 우루루 달려와 욕설을 퍼부었습니다.

"이놈아, 거기가 어디라고 올라가 앉았느냐? 종의 새끼가 분수도 모르느냐?"

누각에서 쫓겨내려 온 유리왕자는 호위대장으로 데리고 갔던 호약好若으로부터 자기 어머니가 천민 출신이라는 것을 들게 되었습니다. 그때 유리왕자는 이를 악물고 맹세했습니다.

"내가 장래에 왕이 되면 카필라국을 정복하여, 이 종족들의 씨도 남기지 않으리라."

드디어 부처님께서 76세 되신 해에, 유리왕자는 파사익왕이 자리를 비운 틈을 타서 왕위를 찬탈하고, 병사를 일으켜 카필라국을 정벌하기 위해 진군했습니다.

부처님께서는 이 일을 아시고, 어디로나 자유롭게 갈 수 있는 신족통神足通으로 카필라국으로 가는 길옆의 앙상하게 마른 나무 밑에 자리를 잡고 앉았습니다. 유리왕은 대군을 이끌고 진격하다가, 부처님께서 앉아계신 모습을 보고 수레에서 내려 부처님의 발아래 절한 다음 여쭈었습니다.

"부처님이시여, 우거진 나무가 이 근처에 얼마든지 있는데, 어찌하여 잎도 없는 마른 나무 아래에 앉아계시옵니까?"

"왕이여, 친족의 그늘은 시원한 것이오. 하지만 나에게는 친족의 그늘이 없다오."

이 말씀을 들은 유리왕은 부처님의 생각을 알아차리고 군사를 돌려 코살라국으로 돌아갔습니다. 그리고 또 얼마 있다가 다시 진군하였으나 그때도 부처님께서 마른 나무 밑에 앉아있었으므로 되돌아갔습니다. 그리고 또 그 다음에도…

유리왕이 네 번째로 진군을 하였을 때 부처님께서는 마른 나무 밑으로 가지 않고 기원정사에 머물러 계시며 말씀하셨습니다.

"중생이 지은 숙세의 원업怨業은 어쩔 수 없는 것이다. 이번에 희생되는 석가족들은 모두가 천상에 태어나고, 유리왕은 7일 이내에 멸망하리라."

마침내 카필라국을 침공한 유리왕은 5백 명의 군사를 사살하고, 3만 명의 석가족을 체포하였습니다. 그리고 체포한 자들을 모두 죽이고자 하였습니다. 그때 석가족의 왕인 마하남은 유리왕에게 간청했습니다.

"내가 연못 속에 들어갔다가 다시 떠오르는 시간만이라도 이 성안의 사람들이 성 밖으로 도망을 칠 수 있도록 허락을 해 주시오."

흥미롭게 생각한 유리왕이 허락을 하자 마하남은 연못으로 몸을 던져 머리를 물속의 나무뿌리에 얽어매고 자살을 했습니다. 유리왕은 아무리 기다려도 마하남이 물 위로 떠오르지 않자 물속으로 뛰어들었고, 이 광경을 보고는 자신의 행위에 대해 후회 했습니다.

"마하남은 거룩했다. 백성들의 목숨을 살리기 위해 저 같은 죽음을 택했으니…. 그에 비해 나는 얼마나 용렬한가?"

유리왕은 군대를 거두어 돌아갔습니다. 그리고 7일 뒤, 유리왕은 배를 타고 강을 건너다가 벼락과 풍랑을 맞아 즉사하였으며, 기록에 따라서는 강 복판에서 불길이 솟아올라 타죽었다고도 합니다. 뒷날 부처님께서는 이 카필라국의 비극적인 멸망의 인연을 다음과 같이 말씀하셨습니다.

"비구들이여, 옛날 왕사성에 흉년이 들었을 때 주민들 모두가 성 밖의 못에서 고기를 잡아먹으며 연명하였다. 그때 못 속의 구소와 양설이라는 물고기는 이렇게 생각했느니라.

'우리는 저 성안의 사람들에게 어떠한 죄도 지은 일이 없다. 그런데도 저 인간들은 우리를 잡아먹는다. 우리 둘이서 반드시 이 원수를 갚자.'

그 때의 구소가 이 생의 유리왕이요, 양설은 호약장군으로 태어난 것이다. 비구들이여, 원인과 결과의 이치는 무서우리만큼 확실하게 그 갚음이 나타나는 것이다. 카필라국의 멸망 또한 씻기 어려운 하나의 갚음이니라."

§

부처님께서도 막을 수 없었던 카필라국의 멸망….

실로 정해진 인연법은 피하기가 어렵습니다. 하물며 우리 같은 범부야 뜻대로 되는 일이 얼마나 있겠습니까? 예상 밖의 사건과 뜻하지 않게 다가오는 불행 속에서 우리는 자신을 잃고 삽니다. 그리고 그와 같은 악연이 지나간 다음, 우리는 그 불행을 '다시는 생각하기조차 싫은 과거' 로 치부합니다.

하지만 악연도 인연입니다. '지금 다가온 악연에 대한 책임이 나에게도 있다' 고 긍정할 줄 알아야 합니다.

고국인 카필라국의 멸망에 대하여 부처님께서는 그렇게 하셨습니다. 업연業緣에 따라 유리왕이 결코 뜻을 굽히지 않을 것을 알았지만, 세 차례나 잎도 없는 마른 나무 아래 앉아 그를 만류하고자 했습니다. 악연이라 하여 '나 몰라라' 하지 않았던 것입니다.

그리고 카필라국의 비극과 직접 관련이 있었던 마하남은 백성들의 목숨을 구하기 위해 물 속으로 뛰어들어 머리카락을 나무뿌리에 묶었습니다. 그 악연의 원인제공자로서, 한 명의 백성이라도 더 구하고자 하였던 것입니다.

다가서는 악연을 맞이하여 취하였던 부처님과 마하남의 자세. 우리 불자들도 이와 같은 자세를 배워야 합니다. 고통스럽다고 무작정 피할 것이 아니라, '나의 책임이요 나의 업' 이라 생각하면서 악연을 풀어나가야 합니다. 기꺼이 맞이하여 평화롭게 풀어나가야 합니다.

물론 악연을 푸는 것이 쉬운 일은 아닙니다. '내 업이요 내 탓이다' 라고 생각하는 사람들조차 기꺼이 받아들이기란 용이하지 않습니다. 그렇지만 '나' 를 진정으로 사랑한다면 다가서는 나쁜 인연을 이해하려고 노력해야 합니다. 적어도 그 속에서 일어나는 '나' 의 이기심이나 자존심을 살펴볼 줄 알아야 합니다.

당장 상하는 자존심을 잠시 접어두고, 상대를 이해하고 용서하는 마음을 가져보십시오. 그렇게 하면 평화로움이 샘솟습니다. 그렇게 하면 상대도 차츰 '나' 를 이해하여 용서하게 되고, 마침내 악연 때문에 겪는 괴로움뿐만이 아니라 악연 그 자체도 사라지게 됩니다.

만약 이와 같이 노력해도 풀리지 않는 악연이라면 어떻게 해야 하는가? 그때는 불보살님께 의지해야 합니다. 참회기도를 통하여 불보살님의 가피를 구해야 합니다. 그리고 상대를 위해 축원해야 합니다. 이렇게만하면 틀림없이 봄 눈 녹듯 모든 악업이 녹아내리고 평화로움이 가득하게 될 것입니다.

12. 위대한 열반

최후의 여행길

카필라국의 왕자로 태어나 인생의 무상無常을 똑바로 직시하고 왕성王城의 쾌락을 뛰어넘었던 부처님. 6년의 피나는 고행으로 육신의 장애를 극복한 부처님. 하지만 진정한 해탈이 고행에 있지 않음을 깨닫고 보리수 아래에서 중도中道의 삼매三昧를 이루어 마침내 부처가 되었던 석가모니 부처님….

그러나 석가모니 부처님의 성도成道는 시작이었습니다. 뭇 생명있는 자들의 영혼을 일깨우고 중생 속에 깃든 불성佛性을 발현시키기 위한 중생교화의 출발점이었습니다. 그뒤 부처님께서는 중생이 거니는 길을 따라 발걸음을 옮기면서, 모든 중생들이 스스로 간직하고 있으면서도 미처 있다는 것조차 깨닫지 못하여 묻어두고만 있는 '불성'이라는 보배를 찾을 것을 설파하셨습니다.

그렇게 하기를 45년. 부처님께서는 마침내 열반涅槃의 때가 찾아오고 있음을 느끼고 열반의 땅인 쿠쉬나가라를 향해 여행을 떠납니다.

열반! 열반을 범어로는 니르바나(Nirvāna)라고 합니다. 니르(Nir)는 '사라지다 · 꺼지다' 등의 상태를 나타내는 부정적 접두사이고, 바나(vāna)는 '불'이므로, 니르바나라고 하면 '불이 꺼진 상태'를 가리킵니다. 곧 번뇌의 불이 완전히 꺼진 경지를 열반이라고 칭합니다.

일찍이 석가모니께서는 번뇌의 불을 완전히 꺼버려 부처를 이루었지만, 이제 남아 있는 육신이 가져다주는 마지막 장애의 불길마저 꺼버리고 진정한 의미의 열반에 들고자 열반처를 향한 순례길에 올랐던 것입니다.

이 열반의 여행길은 부처님께서 80세 되던 해 영축산을 떠나면서부터 시작되며, 영축산을 떠나기 직전 부처님께서는 비구들을 모아 설법하셨습니다.

"비구들이여, 너희들을 위해 일곱가지 불퇴법不退法을 설하고자 한다. 잘 듣고 새겨서 기억해두어라.
　①서로 자주 모여 불법을 강설하라. 그리하면 나의 도道가 오래 머무를 것이다
　②일치 화합하여 모이고, 일치 화합하여 결정하고, 일치 화합하여 실행하라

③ 법을 잘 받들고 지킬 뿐, 계율을 지키기 어렵다하여 함부로 바꾸거나 고치지 말라

④ 장로·선배·경험자·승단의 지도자를 존경하고 그들의 말을 잘 따르도록 하라

⑤ 윤회의 원인이 되는 애욕을 일으키거나 애욕에 굴복되는 일이 없도록 하라

⑥ 인가와 떨어진 고요한 곳에 머무르면서 열심히 수행하라

⑦ 이익이 되는 일은 남에게 먼저 양보하고 명성을 탐하지 말라

이렇게 하면 승단은 번영할 뿐 결코 쇠퇴하는 일이 없느니라."

실로 그러합니다. 부처님께서 설하신 그대로, 승려들이 함께 모여 불법을 공부하고 계율을 지키면서 존경과 양보와 화합의 자세로 수행하게 되면 승단은 저절로 번영하고 불법은 길이 전승될 수 있습니다.

나아가 부처님께서는 개개인의 도력을 증장시키는 일곱가지 법을 말씀하셨습니다.

"비구들이여, 너희들 각자의 도를 왕성하게 하는 일곱가지 법이 있다.

① 소욕少欲을 즐기고 하는 일이 많음을 자랑하지 말라

② 침묵을 즐기고 말을 많이 하는 것을 좋아하지 말라

③ 잠을 많이 자지 말고 혼미하게 하지 말라

④ 전체에게 이익됨이 없는 말을 하지 말라

⑤ 덕이 없으면서 스스로를 높이려 하지 말라

⑥ 한마음을 지킬 뿐 잡행雜行을 따르지 말라

⑦ 검소함을 지켜서 의식衣食을 절약하라

이렇게 하면 도가 저절로 자라나리라.”

부처님께서는 불교교단 전체를 위하고 개개인의 도력을 키우는 일곱가지 방법을 간절히 설하신 다음 열반처로 향하는 여행길에 올랐습니다.

부처님께서는 마가다국의 수도인 왕사성을 거쳐 북쪽으로 길을 잡고, 우선 암바라치 마을에 당도하여 많은 비구들과 함께 그곳의 왕원王園에 머물렀습니다.

이 왕원에서, 부처님께서는 비구들에게 사제四諦의 법문을 다시 한번 자세히 설하신 다음, ‘도와 마음’의 관계에 대해 힘주어 말씀하셨습니다.

“비구들이여, 도는 마음에서 나는 것이다. 마음이 깨끗하면 도는 저절로 얻어진다. 이제까지 나는 세상을 위하여 생사를 벗어나는 올바른 길[正道]을 열어 놓았다. 지옥·아귀·축생 등의 모든 좋지 않은 길을 영원히 떠나고자 할지면, 마음을 하나로 모아 계戒 · 정定 · 혜慧 삼학을 부지런히 닦아라.

비구들이여, 특히 계율을 잘 지키면서 선정을 닦으면 그 과보도 더 크고 공덕도 더 크다. 선정의 뒷받침 속에 지혜를 닦으면 그 과보도 더 크고 공덕도 더 크다. 이러한 지혜가 뒷받침이 되면 모든 번뇌는 자취를 감추고 마음은 저절로 청정해져서 해탈하게 되느니라."

우리는 부처님의 이 법문에 특히 주의를 기울여야 합니다. 오늘날 참선수행을 하는 불자들 중에는 계율을 등한시하는 이들이 있습니다. 그리고 경전을 공부하는 사람들 중에는 머리로만 연구하는 이가 많습니다.

하지만 부처님께서는 3천년 전에 이를 확실히 밝혀 놓으셨습니다. 선을 잘 닦으려면 계율을 잘 지켜야 하고, 올바른 지혜를 발현시키려면 선정의 뒷받침이 있어야 한다는 것을 천명하신 것입니다.

특히 부처님께서는 이 여행길 도중, 계율의 중요성에 대해 자주 설법하셨습니다. 다음 도착지인 파탈리성[華子城]에서도 마찬가지였습니다.

❀

부처님께서 파탈리성 밖의 숲속에 이르렀다는 소식을 들은 사람들은 부처님을 뵙기 위해 성 밖으로 나왔습니다. 그들은 숲속 한 그루의 큰 나무 아래에서 좌선을 하고 계신 80세 부처님의 원만한 모습을 보는 것만으로도 큰 감동을 느끼고 오체투지五體投地의 절을 올렸습니다. 그리고 스스로 맹세했습니다.

"저희들은 삼가 부처님과 법과 화합 대중에 귀의합니다. 저희들을 불쌍히 여기시어 신자信者가 되는 것을 허락하여 주옵소서. 이제부터 저희들은 살생과 도둑질과 사음과 거짓말과 술 마시는 일을 끊어버리겠나이다."

부처님께서 허락하시자, 그들은 큰 기쁨 속에서 공양을 올릴 수 있는 기회를 줄 것을 청하였고, 부처님께서는 묵묵히 수락하셨습니다. 이튿날 파탈리성 안으로 가서 공양을 받은 부처님께서는 법좌에 올라 설법했습니다.

"계율은 마음의 산란함과 탐욕을 막는 갑옷과도 같은 것이다. 그러므로 계율을 어기면 다섯가지 손해가 따르고, 계율을 잘 지키면 다섯가지 공덕이 따르느니라.

다섯가지 손해란 무엇인가?

첫째, 재물을 구하여도 뜻대로 되지 않고

둘째, 얻는다 하여도 매일같이 잃게 되며

셋째, 어디를 가나 존경과 사랑은 받지 못하고

넷째, 좋지 못한 소문이 널리 퍼지며

다섯째, 생명이 다하여 지옥에 떨어지게 되느니라.

다섯가지 공덕은 무엇인가?

첫째, 바라는 바가 이루어지고

둘째, 재산이 날로 불어나며

셋째, 어디를 가나 존경과 사랑을 받고

넷째, 좋은 이름이 널리 퍼지며

다섯째, 죽어서는 천상天上에 태어나게 되느니라."

$$\wr$$

이와 같은 설법을 통하여 부처님께서는 재가신도들도 계율을 철저히 지키는 것이 좋음을 일깨워 주셨습니다.

부처님의 이 간결한 설법은 세속인들의 추구하는 바를 잘 꼬집은 것입니다. 정녕 세속에 사는 사람들은 밖으로 무엇을 추구합니까? 바로 명예와 재물입니다. 하지만 재물과 명예는 결코 피와 땀으로만 이루어지는 것이 아닙니다. 맑은 계율이 뒷받침될 때 재물의 수명은 길어지고 명예는 저절로 다가섭니다.

수단과 방법을 가리지 않는 출세욕과 한탕주의, 그리고 부정부패는 결코 우리에게 행복을 안겨주지 않습니다. 진정한 행복을 추구한다면, 참으로 값진 부富와 명예를 바란다면 맑은 계율의 갑옷을 입어야 합니다. 그렇게 할 때 이 험난한 사바세계에서 상처를 입지 않고 좋은 결실을 이룰 수 있게 된다는 것을 부처님께서는 파탈리성의 신도들에게 일깨워주신 것입니다.

파탈리성에서의 법문 후, 부처님께서는 갠지스강의 나루로

나아가 비구들과 함께 배를 탔고, 배가 강 건너편에 이르자 말
씀하셨습니다.

"여래는 뱃사공이다. 정법正法의 배를 띄워 모든 중생을 고
해苦海 저편의 열반으로 인도하는 뱃사공이다."

뱃사공 석가모니…. 부처님은 육신이 무너지는 최후의 순
간까지 한 중생이라도 더 제도하기 위해 코올리 마을, 나티카
마을을 거쳐 바이샬리로 향했습니다.

열반의 예고와 마지막 공양

밧지족의 수도인 바이샬리에는 암바파알리라는 유명한 기
생이 살고 있었습니다. 아래로 5백명의 기생을 거느리고 있는
그녀는 바이샬리 최고의 미인으로, 부처님께서 바이샬리 교
외에 이르렀다는 말을 듣고 가장 먼저 뛰어나와 그녀가 소유
하고 있는 동산으로 초대하였습니다. 이튿날, 부처님께서는
많은 비구들과 함께 암바파알리의 동산에 가서 공양을 마친
뒤 설법하였습니다.

"암바파알리여, 탑을 쌓고 절을 짓고 서늘한 동산을 갖춰놓고 다리를 놓고 배를 많이 만들어 사람들이 이용할 수 있도록 하여라. 들 가운데에 우물을 파고 초목을 심고 집을 많이 지어서 잘 곳이 없는 나그네들에게 빌려주어라. 암바파알리여, 베푸는 자에게는 원망도 없고 두려움도 없다. 그의 이름은 모든 사람이 칭송하고 그의 몸은 편안하니라.

깨끗한 계는 세상이 높이 여기는 바라, 이르는 곳마다 사랑하고 공경하지 않는 자가 없다. 그러나 탐욕은 근심덩어리요 깨끗하지 못한 것이라, 속히 여기서 뛰어나오지 않으면 아니 되느니라."

부처님으로부터 많은 법문을 들은 암바파알리는 크게 기뻐하며 자기가 소유하고 있는 동산을 부처님과 교단에 기증하였을 뿐 아니라, 스스로 오계五戒를 지킬 것을 맹세하고 재가신도가 되어 이전까지 익혀왔던 기녀로서의 나쁜 습관과 좋지 못한 행실을 깨끗이 고쳤습니다. 그리고 뒷날 출가하여 여승이 되었습니다.

부처님께서는 얼마 동안 암바파알리 동산에 머무른 다음 비구들을 데리고 바이샬리의 벨루바[竹芳村]로 갔습니다. 그러나 그 지방은 기근이 심하여 많은 제자들이 한 곳에 모여 살면서 탁발하기가 어려웠습니다. 부처님은 아난다에게 제자들을 모으도록 분부했습니다.

"이 지방의 기근으로 우리 모두가 함께 있을 수 없게 되었으니, 너희들은 짝을 지어 바이샬리나 밧지로 가서 안거하도록 하여라. 그리고 좋은 공양을 받아도 기뻐하지 말고 나쁜 공양을 받아도 근심하지 않아야 한다. 음식은 오직 몸을 유지하기 위해 먹는 것이니, 결코 아름다운 맛을 탐하지 말라. 욕망을 이기지 못하면 생사의 미로(迷路)에서 번뇌하게 되고, 욕망을 이기고 몸을 이기는 사람은 곧 고요한 적정(寂靜)을 얻을 수 있게 되느니라."

비구들은 부처님과 헤어지는 것을 슬퍼하면서 각기 안거할 곳을 찾아 떠났고, 부처님은 시자 아난다만을 데리고 벨루바에서 마지막 안거安居를 지내게 되었습니다. 그러나 부처님은 이 안거 중에 무거운 병에 걸렸습니다. 극심한 통증이 온몸을 휩쌌지만 부처님께서는 고통을 참으면서 이렇게 생각했습니다.

'나는 지금 제자들과 떨어져 있다. 제자들에게 알리지도 않고 교단을 돌아보지 않은 채 열반에 드는 것은 옳지 않다. 정진력精進力으로 이 고통을 견디어 생명을 유지하자.'

부처님께서는 정진을 통하여 고통을 가라앉히고 이전과 같은 몸을 회복했습니다. 그리고 부처님의 병을 근심하는 아난다에게 말했습니다.

"아난다야, 나는 이제 노쇠하였다. 나의 나그네 길은 벌써 마지막에 이르렀다. 낡아빠진 수레가 간신히 움직이듯이, 여든 살이 된 내 몸도 겨우겨우 움직이고 있다. 언제까지나 나를 의지할 수는 없는 일이다.

아난다야, 그러므로 너는 자기 자신을 등불로 삼고 자기 자신을 의지할 곳으로 삼아야 한다. 다른 사람에게 의지해서는 안 된다. 법을 등불로 삼고 법을 의지할 곳으로 삼아야 한다. 다른 것에 의지해서는 안 된다."

이어서 부처님은 자기를 의지처로 삼고 법을 의지처로 삼아 몸과 감각과 마음의 움직임과 여러가지 존재에 대하여 바르게 관찰하고 정신을 통일하여 열심히 수행하면 집착과 증오를 눌러 마침내 깨달음을 이룰 수 있게 된다고 하셨습니다. 이 중요한 '자등명自燈明 법등명法燈明'의 설법은 다음과 같은 말로 끝을 맺습니다.

"아난다야, 현재에도 내가 열반에 든 후에도 스스로를 등불로 삼고 의지처로 할 뿐 남에게 의지하지 말아라. 법을 등불로 삼고 의지처로 할 뿐 다른 것을 의지하지 말아라. 이렇게 살아가는 자만이 나의 참된 제자요 내 뜻과 함께하는 사람이니라."

그뒤에도 부처님께서는 가끔씩 병 때문에 괴로워하였으나 병에 지지는 않았습니다. 그러던 어느날, 마을에 내려가 걸식을 하고 돌아오는 길에 차바라의 사당 옆을 지나다가 아난다에게 말씀하셨습니다.

"아난다야, 등이 몹시 아프구나. 잠시 쉬어가도록 하자."

아난다가 숲속의 시원한 곳을 찾아 자리를 깔아 드리자, 부처님께서는 잠시 삼매에 들었다가 깨어나 말씀하셨습니다.

"아난다야, 신통력에 통달한 사람은 스스로 원하기만 하면 한 겁劫 또는 반 겁을 이 세상에 더 머무를 수가 있다."

그러나 마음이 마魔에 사로잡혀 있었던 아난다는 이 말씀에 대해, '부처님께서 이 세상을 위하고 사람들을 위하여 언제까지든지 머물러 주실 것'을 청원하지 못했습니다. 부처님께서 세 차례나 같은 말을 하였지만, 아난다는 세 차례 모두 잠자코 있었습니다. 부처님은 아난다를 물러가게 하고 천천히 일어나서 시냇가의 나무 그늘 밑으로 가서 앉았습니다. 그때 마왕魔王 파순이 다가와 말했습니다.

"부처님이시여, 빨리 열반에 드시는 것이 좋을 것입니다. 부처님께서는 할 일을 이미 마치셨습니다. 지금이 바로 이 세상을 떠나실 때입니다."

"물러가라, 악마여. 내 일에 대해서는 내가 잘 알고 있다. 아직은 열반에 들 때가 아니다. 나는 나의 제자와 중생들이 나의 법을 제대로 받아들이기 전에는 열반에 들지 않을 것이다."

그러나 마왕은 거듭거듭 간청하였고, 부처님께서는 마침내 열반의 때와 장소를 이야기하였습니다.

"물러가라, 악마여. 여래는 스스로 때를 잘 알고 있다. 나는 석달 뒤, 전생의 인연으로 마련되어 있는 쿠쉬나가라의 사라쌍수沙羅雙樹 사이에서 열반에 들 것이다."

마왕은 춤을 추며 기뻐하다가 문득 사라졌고, 부처님은 아난다를 시켜 제자들을 불러 모으게 했습니다. 그리고 매우 긴 설법을 시작했습니다.

"비구들이여, 너희들은 내가 지금까지 말하여 온 여러가지 가르침에 대하여 항상 생각하고 외우고 익혀서 버리지 말아야 한다. 천하의 어떤 사람이든 마음을 바르게 가지면 저절로 복을 받게 되느니라.

너희들은 마땅히 욕심을 늘려 자기를 이겨야 하나니, 언제나 몸을 단정히 하고, 말을 단정히 하고, 뜻을 단정히 하여야 한다. 모름지기 성내는 마음을 버리고, 탐심을 버리고, 항상 죽음에 대해 생각할 줄 알아야 한다. 만일 마음이 삿된 일 하고자 하거든 늘려서 결코 하지 못하게 하고, 마음이 음욕을 따라가고자 할 때에도 그것에 맡겨 두어서는 아니 된다.

사람에게는 본심本心과 망심妄心 두 가지가 있다. 항상 참된 마음인 본심을 지킬뿐, 망심을 따라가서는 안 되느니라.

비구들이여, 모름지기 인간은 마음이 첫째이다. 마음이 하늘도 되고 인간도 되며 나쁜 세상으로 나아가게도 하고 성위聖位를 열어주기도 한다. 외형外形과 마음은 둘이 아니니, 겉모습은 마음이 지어낸 바요, 마음이 모든 법을 만들어 내느니라. 마음이 분별을 일으키고, 분별 때문에 감정을 지어내며, 감정은 다시 마음으로 돌아가느니라."

부처님은 이어서 수행법인 사념처四念處 · 사정근四正勤 · 사신족四神足 · 오근五根 · 오력五力 · 칠각분七覺分 · 팔정도八正道 등으로 구성된 삼십칠조도품三十七助道品을 하나하나 해설하셨습니다. 그리고 간곡히 당부하셨습니다.

"비구들이여, 부디 마음을 잘 닦아 탐하지 말고 다투지 말며, 속이지 말고 희롱하지 말며, 질투하지 말고 교만하지 말지니라. 지혜와 자애慈愛와 공경의 눈으로 나의 육신이 아닌 '정법正法의 진신眞身'을 볼지니, 정법의 진신을 보게 되면 내가 언제나 이 세상에서 너희들 곁을 떠나지 않고 있음을 알게 될 것이다.

너희들은 모름지기 나의 법을 잘 지켜 배움을 같이 하고 번영과 즐거움을 같이 하라. 마음을 쓸데없는 곳에 써서 목숨을 쓸데없이 허비하지 말고, 깨달음의 꽃의 정기를 마시고 도의 과일을 이루어, 마침내는 세상 사람들로 하여금 그 과일을 먹고 배부를 수 있도록 하라.

　나는 이제 석달이 지나면 열반에 들 것이다."

　제자들은 말씀을 듣고 놀라고 슬퍼하여 소리 높여 외쳤습니다.

　"세상의 눈이 어찌하여 이렇듯 속히 없어지려 하는고! 부처님이시여, 원하옵건대 이 세상에 더 머물러 열반에 들지 마시옵소서. 일체 중생은 모두 무명無明의 어둠 속에서 헤매고 있나이다. 오래오래 이 세상에 계시면서 밝은 등불이 되어 비추어 주시옵소서. 일체 중생이 다 생사의 바다에 빠져 떠돌아다니고 있습니다. 부디 이 세상에 계시면서 배가 되어 주시옵소서. 만일 그렇게 하지 않으시면 일체 중생은 길이길이 나아갈 길을 잃고 미혹 속에 빠져 있을 것이옵니다."

　부처님은 슬퍼하는 제자들을 향하여 인생의 무상함을 깨쳐 정법으로 살아갈 것을 간곡히 당부하고 한편의 게송을 읊어 법문을 마무리 지었습니다.

　　나의 생명은 충분히 익어 이제 떠나려 하노라
　　내 이미 너희에게 모든 것이 돌아가는 곳을 가르쳤으니
　　부디 태만하지 말고 변함없는 마음으로 도를 닦아라
　　항상 마음을 잘 다스려 번뇌로부터 해탈하고
　　정법의 말씀을 잘 지키며 끊임없이 수행하는 자는

스스로 모든 고뇌를 물리치고 생사를 뛰어넘게 되리라

그뒤 부처님은 바이샬리의 거리로 탁발을 나갔다가 돌아올 때, 걸음을 멈추고 거리의 여기 저기를 바라보면서 아난다를 향해 말했습니다.

"이것이 바이샬리를 보는 마지막이구나."

이후 부처님께서는 3개월 동안 반다 마을을 거쳐 핫다 · 암바 · 잠부 · 보오가 마을로 갔습니다. 부처님께서는 이르는 곳마다 자상한 법의 문을 열었고, 법문을 듣는 이들은 모두가 진리의 눈을 얻었습니다.

마침내 열반 하루 전날인 2월 14일, 파아바성에 도착한 부처님께서는 대장장이의 아들인 춘다의 공양을 받았습니다. 그때 춘다는 부처님께 특별히 진귀하다는 '전단나무의 버섯' 요리를 대접했습니다. 결국 그 버섯의 독 때문에 부처님은 다시 병이 깊어졌고, 춘다의 집을 나와 얼마 걷지 않아서 극심한 고통을 느껴야 했습니다.

"아난다야, 등이 몹시 아프구나, 저 나무 아래에 자리를 깔아다오."

그리고 춘다를 원망하는 아난다를 향해 말했습니다.

"아난다야, 춘다를 원망하지 말아라. 춘다가 바친 공양은 최후의 것이며, 최후의 공양은 부처님께 올리는 첫 공양만큼이나 공덕이 큰 것이다. 춘다는 그 과보로 수명을 얻고 힘을 얻고 명예를 얻고 재물을 얻을 것이다. 그리고 죽어서는 천상에 태어나 원하는 바를 스스로 이루게 된다. 그리고 아난다야, 너는 곧 춘다에게 가서 이렇게 전하여라. '춘다여, 나는 직접 부처님께 듣고 부처님의 가르침을 받았노라. 그대의 공양은 큰 행복과 이익을 얻는 과보를 받으리라'고."

부처님은 육신의 고통 속에서도 오히려 춘다를 걱정하셨고, 제자들이 노하지 않도록 세심한 주의를 기울였습니다. 한편 아난다의 말을 듣고 달려온 춘다는 부처님 앞에 엎드려 깊이 깊이 흐느꼈습니다. 부처님의 무한한 자비심에 감동하고 또 감동하여….

장례는 재가인에게 맡겨라

춘다의 공양으로 인해 병이 더욱 깊어진 부처님께서는 다시 일어나 열반의 땅을 향해 나아갔고, 제자들은 묵묵히 스승의 뒤를 따랐습니다. 춘다도 울면서 부처님의 뒤를 따랐습니다.
늙고 병든 부처님과 부처님을 부축하며 걷는 아난다를 선두로 침묵의 행렬은 계속되었습니다. 그야말로 생과 사, 그리고 생사를 초월한 경계가 함께 길을 이룬 행렬이었습니다. 그리고 카쿳타강에 이르렀을 때 부처님은 몸소 강물에 들어가 목욕을 하면서 물을 마시기도 했습니다.

마침내 쿠쉬나가라의 사라나무 숲에 도착한 부처님은 두 그루의 큰 사라나무 사이에 자리를 마련하도록 했습니다.

"아난다야, 나를 위하여 사라쌍수 사이에 자리를 마련하여라. 나는 북쪽으로 머리를 두고 서쪽을 바라보며 누울 것이다. 나의 가르침이 장차 북쪽에서 크게 펼쳐질 것이기 때문이다."

자리가 마련되자 부처님께서는 오른쪽 옆구리를 바닥에 대고 발을 포개어 모로 누웠습니다. 그때 사라나무는 제철도 아닌데 죄다 꽃을 피워, 꽃잎을 부처님 위에 흩날리며 공양을 올렸습니다.

"사라쌍수의 요정이여, 때 아닌 꽃을 피워 나에게 공양하지만, 이는 참다운 공양이 아니다. 능히 법을 받아 지니고 능히 법을 행하는 것만이 참으로 여래를 공양하는 것이다."

부처님께서는 '정법을 닦는 것만이 여래를 향한 참된 공양'이라고 정의하신 것입니다.

이어 부처님께서는 쿠쉬나가라에 살고 있는 말리족에게 열반의 소식을 알리도록 하여 그들이 부처님을 마지막으로 친견

할 수 있는 기회를 주었습니다. 또한 열반 후의 장례 방법을 묻는 아난다 존자와 다음과 같은 대화를 나누었습니다.

"세존께서 열반에 드신 다음 어떻게 장사를 지내야 하는지요?"

"아난다야, 너희 출가 수행승들은 여래의 장례에 대해 상관하지 말라. 너희들은 진리를 위해 게으름 없이 정진하여야 한다. 아난다야, 여래의 장례는 독실한 재가 신자들이 치러 줄 것이다."

"그러나 세존의 뜻을 들어 두는 것이 좋다고 생각합니다. 또 모두가 들어 두기를 바라고 있습니다."

"귀의한 재가 불자들은 이미 알고 있을 것이다."

"그렇지만 수많은 사람들이 모이게 되면 각기 다른 의견이 나오지 않는다고 할 수 없습니다. 부디 일러 주십시오."

"그렇다면 말하겠다. 전륜성왕轉輪聖王과 같이 장례를 치름이 좋으리라."

"전륜성왕은 어떻게 장례를 치르는지요?"

"먼저 향유로써 몸을 씻는다. 그리고 깨끗한 솜으로 몸을 싸고 그 위에 담요 오백 장을 덮은 다음 금관에 넣는다. 금관의 내부에는 마유를 뿌리고, 그 금관을 다시 철곽 속에 넣은 다음 다시 전단의 향곽 안에 넣는다. 그리고 그 위에 온갖 좋은 향을 쌓고 화장을 한다.

화장을 한 다음 사리를 거두어 네거리에 탑을 쌓아 지나가는 사람들로 하여금 이를 받들고 공경하게 하라. 이승에서 탑을 쌓아 그 사리를 봉안받는 것은 네 부류의 사람에게만 자격이 있다. 하나는 여래요, 둘째는 독각獨覺이며, 셋째는 여래의 큰 제자요, 넷째는 전륜성왕이다."

부처님께서는 최고의 장례식을 치르고 최상의 공경을 바칠 것을 말씀하셨습니다. 하지만 그것은 부처님 자신을 위한 것이 아니었습니다. 이미 자재한 깨달음의 세계에 도달한 부처님께서는 중생의 마음을 미리 헤아려 그들에게 큰 공덕이 되는 일을 지시하신 것입니다.

그리고 부처님의 팔십 평생, 특히 45년의 교화활동에서 볼 때 '출가 수행승들은 여래의 장례에 상관하지 말라'고 하신 이 말씀이야말로 너무나 당연한 가르침입니다.

장례같은 일에 관여하지 말고, 최고의 진리를 추구하며 밤낮으로 수행에 힘쓰는 것이 출가 수행자의 본분임을 다시 한 번 깨우쳐 주고자, '장례는 출가 수행자의 할 일이 아닌 재가 속인의 일'이라고 분명히 말씀하신 것입니다.

아울러 부처님께서는 아난다를 향해 미래에 선남자 선녀인들이 찾아가 신심을 북돋을 장소로 '여래가 태어난 곳, 최고의 깨달음을 얻은 곳, 최초의 설법한 곳, 열반에 든 곳'의 네 군데를 들고, 그곳에 탑을 세울 것을 부탁했습니다.

곧 룸비니와 보드가야와 바라나시 교외의 녹야원과 쿠시나
가라가 그곳입니다. 그리고 이들 탑을 순례하면서 깊은 믿음
을 품는 사람은 내세에 모두 천상에 태어난다고 말씀하셨습
니다.

마지막 제자

🏵

부처님의 제자들과 쿠쉬나가라의 사람들이 곧 이어 있을 열
반을 숙연히 기다리고 있을 무렵, 1백세가 넘은 그 지방의 수
행자 수바드라[善賢]가 찾아왔습니다. 학문이 깊고 모든 사람
들로부터 대사상가로 존경을 받고 있던 수바드라는 아직도
풀지 못한 평생의 의문을 해결하기 위해 부처님을 찾아온 것
입니다. 그러나 아난다는 그를 막았습니다.

"수바드라여, 부처님께서는 곧 열반에 드시므로 뵈올 수
없습니다."

그러나 수바드라는 거듭거듭 아난다에게 간청하였고, 아난
다는 세번을 다 거절했습니다. 이때 부처님께서 아난다를 불
렀습니다.

"아난다야, 나의 마지막 제자가 오는 것을 막지 말아라. 수

바드라는 나를 귀찮게 하려는 것이 아니라 물을 것이 있기 때문에 온 것이다. 그의 질문을 듣고 대답을 해주면 그는 곧 알아차릴 것이다."

아난다가 수바드라를 부처님께 인도하자 수바드라는 인사를 드린 후 질문을 했습니다.

"고오타마여, 세상에는 이름있는 종교가들이 몇 사람있습니다. 다들 자신은 깨달음을 얻었다고 하는데, 그들이 정말로 깨달음을 얻었을까요? 아니면 모두 깨달음을 얻지 못했을까요? 혹은 깨달음을 얻은 사람도 있고 얻지 못한 사람도 있는 것일까요?"

"수바드라여, 그와 같은 질문을 그만두는 것이 좋을 것이오. 그것보다는 참된 깨달음의 법을 말하겠소. 마음을 모아 잘 들으시오."

"세존이시여, 어서 말씀해 주십시오."

수바드라는 처음 부처님을 고오타마라고 불렀다가 부처님의 첫 말씀에 '세상에서 참으로 존경받을 만한 분' 이라는 뜻의 세존世尊으로 호칭을 바꾸었습니다. 쓸데없는 희론이 아니라 진정으로 도만을 이야기하는 분이 부처님이라는 것을 느꼈기 때문입니다. 부처님은 말씀하셨습니다.

"만약 어떤 종교에 여덟가지 성스로운 길 [八聖道, 八正道]이 없다면 그 종교를 통하여서는 진정한 깨달음을 이룰 수가 없소. 올바른 견해[正見], 올바른 생각[正思], 올바른 말[正語], 올바른 행위[正業], 올바른 생활[正命], 올바른 정진[正精進], 올바른 집중[正念], 올바른 선정[正定] — 이 팔정도야말로 참된 해탈의 길이며, 팔정도를 닦는 종교에서는 깨달음을 이루는 자가 끊지 않을 것이오.

　수바드라여, 사람들은 흔히 업業이 다하여야 고苦가 다하는 줄로 생각하고 있오. 그러나 실은 그렇지 않은 것이오. 번뇌가 다하여야 업고業苦가 다하는 것이오. 팔정도는 능히 모든 번뇌를 막나니, 팔정도에 의지해야만 참된 해탈을 이룰 수 있습니다."

부처님의 이 한마디 설법에 수바드라는 깨달음을 얻었습니다. 그리고 부처님께 간청했습니다.

　"제가 지금 출가하여 부처님의 제자가 되는 것을 허락하여 주옵소서."

　부처님께서 제자로 맞아들이자 수바드라는 다시 청했습니다.

　"세존이시여, 저는 세존께서 열반에 드시는 것을 차마 뵈올 수가 없습니다. 그 괴로움을 도저히 감당할 수 없습니다. 세존에 앞서 제가 먼저 열반에 들고자 하오니 부디 허락하여 주옵소서."

　부처님께서 허락하시자 마지막 제자 수바드라는 대화하던

그 자리에서 초연히 숨을 거두었습니다.

§

여기서 우리는 부처님께서 마지막 제자에게 내린 팔정도 법
문에 다시 한번 주의를 기울여야 합니다. 부처님께서는 녹야
원의 첫 제자에게도 팔정도로 설하셨고, 이 마지막 제자에게
도 팔정도를 설하셨습니다. 그리고 45년의 교화 세월 동안 한
결같이 팔정도를 일러 주셨습니다. 왜 그렇게 하셨을까요? 팔
정도야말로 불교 수행의 핵심이기 때문입니다. 팔정도가 아니
고서는 올바른 해탈을 이룰 수가 없기 때문입니다.

하지만 오늘날, 이 땅의 불교에서는 팔정도를 그다지 중요
시하지 않고 있습니다. 이것이 소승小乘의 가르침이라고 생각
해서인지는 모릅니다. 그러나 팔정도는 소승불교의 가르침
이 아닙니다. 대승·소승 이전의 근본불교, 모든 불교의 뿌리
가 되는 가르침입니다.

뿌리를 돌보지 않고 근본을 잃으면 깨달음의 나무는 온전히
자랄 수 없는 법. 정녕 우리 불자들은 팔정도에 의한 착실한 삶
을 이루어가야 합니다. 이 팔정도를 생활신조로 삼고 수행지
침으로 삼을 때, 참된 깨달음의 종교를 올바로 믿는 진실한 불
자가 된다는 것을 명심해야 할 것입니다.

그리고 또 한가지 꼭 새겨야 할 것은 "업業이 다하여야 고苦
가 다하는 것으로 생각하고 있지만, 번뇌가 다하면 업고業苦가
다한다" 는 말씀입니다.

이 말씀의 핵심은 무엇입니까? 바로 '불교수행의 목표는 번뇌를 다스리는 데 있으며, 번뇌만 잘 다스릴 수 있으면 업고를 능히 해탈할 수 있다' 는 것입니다.

실로 업의 논리로 이야기를 하면 업은 끝이 없습니다. 악업을 다스리기 위해 선업으로 대처하였을 때 또다시 선업의 과보가 남습니다. 그 선업의 흐름 또한 윤회의 수레바퀴처럼 끝없이 돌아갑니다.

그렇다면 어느 때가 되어야 모든 업의 불길이 꺼진 진정한 열반의 경지에 이를 수 있겠습니까? 결국 불가능할 뿐입니다.

그러나 '업고業苦를 다하는 길이 번뇌의 소멸에 있다' 고 하신 부처님의 가르침에 따르면 번뇌의 소멸과 동시에 열반의 경지에 이른다는 등식이 성립합니다. '번뇌가 일어나지 않으면 곧 열반이요 해탈' 이 되는 것입니다.

이 말씀은 뒷날의 대승불교의 공사상空思想이나 선종에 큰 지침을 준 매우 뜻있는 가르침입니다.

"번뇌가 다하면 업고가 다한다" 는 이 가르침을 꼭 기억하시기 바랍니다.

입멸 쿠시나가라

마지막 제자를 거두어 들인 부처님께서는 아난다를 돌아보셨고, 그때 아난다는 깊은 생각에 잠겨 있었습니다.

'부처님께서는 왜 이렇게 빨리 이 세상을 떠나려 하시는가? 나는 부처님의 깊은 은혜를 입고 큰 가르침을 받았지만 아직 깨달음을 얻지 못하였다.'

아난다는 답답하고 아쉬운 마음에 울음을 그칠 수 가 없었습니다. 이러한 아난다의 마음을 살핀 부처님께서는 말씀하셨습니다.

"아난다야, 근심하지도 슬퍼하지도 말라. 너는 나를 시봉한 이후부터 지금까지 몸과 말과 마음으로 자비를 행하였고 나를 지극히 시봉하였다. 나를 시봉한 공덕은 실로 크다. 누구도 너를 따를 자가 없느니라. 네가 계속 정진하면 머지않아 성도할 것이니 걱정하지 말아라."

부처님께서는 아난다를 위로한 다음 비구들에게 말씀하셨습니다.

"과거의 모든 부처님을 시봉한 자들도 역시 아난다와 같았고, 미래의 모든 부처님을 시봉할 자들 또한 아난다와 같을 것이다. 그러나 과거의 부처님 제자는 부처님의 말씀을 들은 다음 비로소 알았지만, 아난다는 내가 눈을 들면 곧바로 나의 뜻을 알았느니라. 이것은 아난다의 큰 공덕이다. 모두 이것을 기억해 두어라."

이렇게 아난다에게 25년 동안의 한결같은 시봉侍奉을 치하하신 부처님께서는 아버지의 죽음을 보기가 괴로워 한쪽 옆에 피해 있던 아들 라후라를 가까이 불렀습니다.

"라후라야, 열반은 결코 슬퍼할 일이 아니다. 너는 아버지에게 아들로서 해야 할 일을 다하였다. 나도 아버지로서 너에게 가르쳐야 할 것을 가르쳤다. 라후라야, 모든 것은 무상한 것이다. 이 무상을 관찰하여 해탈을 구하는 것이 나의 가르침이라는 것을 잊지 말기를 바란다."

이윽고 부처님께서는 비구들을 둘레에 모이게 한 다음 유교법문遺教法門을 설하셨습니다. 이 유교법문에는 계율·감각기관 다스리기·공양 받을 때의 자세·잠에 대한 경책·탐욕·인욕·성냄·정진·선정·지혜·방일 등 수행자들의 경계해야 할 점과 지켜야 할 점 등을 자세히 설하고 있습니다. 그 중 몇가지 구절을 인용 하겠습니다.

비구들이여, 내가 열반에 든 뒤 마땅히 바라제목차(波羅提木叉 : 계율)를 존경하고 공경하기를 어둠 속에서 빛을 만난듯이 하고 가난한 사람이 보물을 얻은 것과 같이 해야 한다. 이것은 너희들의 큰 스승이니 내가 이 세상에 더 살아 있다 할지라도 이와 다를 바가 없느니라. 계율은 곧 정순해탈正順解脫의 근본이니, 이 계에 의지하면 모든 선정과 고통을 없애는 지혜를 낼 수 있느니라.

비구들이여, 마땅히 오근(五根 : 눈 · 귀 · 코 · 혀 · 몸)을 제어할지니, 오근을 함부로 하여 오욕五欲에 빠져들지 않게 하라. 이는 마치 소치는 사람이 막대기를 쥐고서 소가 날뛰어 남의 곡식을 먹지 못하게 하는 것과 같은 것이다. 만일 오근을 그대로 놓아두게 되면 그 가는 곳이 끝이 없어서 도저히 제어할 수 없게 되느니라.

오근의 주인은 마음이니, 너희들은 마땅히 그 마음을 제어하라. 이 마음을 놓아버리면 모든 착한 일을 잃어버리게 되지만, 마음을 한 곳에 모아두면 이루지 못할 일이 없다. 그러므로 부지런히 정진하여 마음을 항복받아야 하느니라.

모든 음식을 먹을 때에는 마땅히 약을 먹듯이 할지니, 좋고 나쁜 것을 구분하여 더 먹거나 덜 먹지 말며, 몸을 유지하기 위해 주림과 목마름을 없애는 정도로만 먹을지니라. 남의 공양을 받을 때에도 오직 괴로움을 없애는 정도로만 받고, 함부로 많은 것을 구하여서 그 선한 마음을 헐게하지 말지니라.

잠 자는 인연 때문에 일생을 아무 소득 없이 헛되이 보내서는 아니 된다. 항상 무상無常의 불길이 모든 세상을 불사르고 있다는 것을 생각하여 빨리 자기를 구제해야 할 것인데, 어찌 잠 자기만을 일삼아 스스로를 경계하지 않을까보냐?

성내는 마음을 그대로 놓아두면 그 마음이 도道를 스스로 방해하고, 공덕과 이익을 잃어버리게 되느니라. 마땅히 알라. 성내는 마음은 사나운 불꽃보다 더한 것이니, 항상 마땅히 막고 지키어 마음 속에 들어오지 못하게 하라. 공덕을 겁탈하는 도둑으로는 성냄보다 더한 것이 없느니라.

욕심이 많은 사람은 이익을 구함이 많기 때문에 번뇌 또한 많거니와, 욕심이 적은 사람은 구함도 없고 하고자 함도 없기 때문에 근심이 없느니라. 욕심이 적은 사람은 마음이 편안하여 아무 걱정이나 두려움이 없고, 하는 일마다 여유가 있으며, 언제나 부족함이 없느니라.

모든 고뇌苦惱를 벗어나고자 하거든 마땅히 만족할 줄 알아야[知足] 한다. 만족할 줄 알면 바로 그 자리가 부富하고 즐겁고[樂] 안온安穩한 곳이니라. 만족함을 아는 사람은 비록 맨땅 위에 누워 있어도 오히려 편안하고 즐겁지만, 족함을 알지 못하는 사람은 비록 천당에 있을지라도 그 마음을 충족시키지 못하느니라.

만일 적정무위寂靜無爲의 안락安樂을 구하고자 하거든 마땅히 안팎의 시끄러움을 떠나 한가한 곳에 홀로 머물도록 하라. 고요히 있는 사람은 모든 천신들이 공경하게 되느니라. 그러므로 마땅히 마음 속의 모든 생각과 바깥의 여러 대중을 떠나, 한가한 곳에 홀로 머물면서 괴로움의 근본을 생각하고 없애야 하느니라.

너희들은 마땅히 부지런히 힘써서 마음을 절복折伏하라. 만일 부지런히 힘써 정진한다면 어려운 일이 없을 것이니, 마치 쉬지 않고 떨어지는 작은 물방울이 바위를 뚫는 것과 같느니라. 만일 게으른 마음으로 공부를 자주 폐하게 되면, 나무를 비벼 불을 일으키고자 하면서도 나무가 뜨겁기 전에 멈추는 것과 같아서, 아무리 불을 얻고자 하여도 마침내 얻지 못하느니라.

비구들이여, 내가 말한 바 법을 생각하여 잊거나 잃어버리지 말고, 항상 스스로 힘써 부지런히 닦을지니라. 나는 훌륭한 의사와 같아서 병을 알아 약을 일러주나니, 먹고 먹지 않는 것은 의사의 허물이 아니요, 나는 좋은 길잡이와 같아서 좋은 도로써 사람을 인도하나니, 듣고서 행하지 않는 것은 길잡이의 허물이 아니니라.

이렇게 법을 설하신 부처님께서는 열반을 눈앞에 두고 마무리를 지었습니다.

"그대들은 슬픈 생각을 가지지 말라. 내가 비록 한 겁劫을 이 세상에 더 산다 할지라도 마침내 죽을 수 밖에 없다. 누구라도 한번 만나 헤어지지 않고 영원히 함께 지낼 수는 없는 일이다. 자기에게도 이롭고 남도 이롭게 하는 법[自利利他法]을 이미 다 갖추었으니, 비록 내가 더 살아 있다 할지라도 이익될 것이 없느니라. 마땅히 제도할 수 있는 사람은 이미 다 제도하였고, 아직 제도하지 못한 사람도 제도를 받을 인연을 지었느니라. 지금부터 나의 여러 제자들이 쉬지 않고 법을 굴려 행하게 되면, 이것이 바로 여래의 법신法身이 항상 있어서 멸하지 않는 것이니라."

부처님께서는 제자들에게 거듭 당부했습니다.

"비구들이여, 누구든지 내가 한 설법의 내용에 대하여 의심나는 것이 있거든 묻도록 하여라. 부처 · 법 · 교단 · 수행방법 · 계율 그 무엇이라도 좋다. 의문이 있는 사람은 서슴지 말고 물어라. 뒷날에 가서, '여래가 세상에 있을 때 물어 보았더라면 좋았을 것을' 하고 후회하지 않도록 지금 물어라."

부처님께서 이 말씀을 세 번 거듭 하셨지만 질문하는 이는 없었습니다. 거기 있던 5백명의 비구들은 적어도 흔들리지 않는 확신의 경지에 이르러 있었던 것입니다.

"비구들이여, 스스로를 등불로 삼고 스스로를 의지할 것으
로 삼아라. 다른 사람에 의지해서는 안 된다. 법을 등불로 삼
고 법을 의지할 것으로 삼아라. 다른 것에 의지해서는 안 된다.
비구들이여, 모든 것은 변천한다[諸行無常]. 부지런히 정진
하라."

스스로를 등불로 삼고 법을 등불로 삼아[自燈明 法燈明] 부지
런히 정진하라는 것으로 45년 설법을 요약한 부처님께서는
마침내 열반의 길로 들어섰습니다. 한동안 장엄한 침묵이 대
지를 감쌌고, 마침내 아난다가 눈물을 흘리며 말했습니다.
"부처님께서는 방금 열반에 드셨습니다."
"아니오, 부처님께서는 지금 가장 깊은 무심삼매無心三昧에
드셨습니다."
천안제일 아나율의 말에 대중들은 다시 침묵 속에 잠겼습니
다. 잠시 후 아나율 존자가 말했습니다.
"부처님께서 드디어 열반에 드셨습니다."
2월의 보름달이 막 서녘 산너머로 넘어갈 무렵, 석가모니
부처님께서는 마침내 열반에 드셨습니다.
진리의 길을 찾아 왕자의 자리도 박차고 출가하여 견디기
어려운 고행 끝에 지혜의 눈을 뜨신 부처님, 45년 동안 수많은

사람들에게 여러가지 방법으로 법을 설하면서 자비를 베푸신 부처님께서는 이렇게 열반에 드셨습니다.

비록 부처님께서는 나이 여든으로 이 세상을 떠나셨지만, 그 가르침은 어둔 밤의 등불처럼 끊임없이 우리들의 앞길을 밝게 비추어 주고 있습니다. 그리고 앞으로도 영원히, 우리의 마음이 있는 한 부처님께서는 한없이 크고 아름다운 마음으로 우리들을 인도하실 것입니다.

나무석가모니불

나무석가모니불

나무 시아본사 석가모니불.